Entfaltung der Seele

Rhea Powers:
Entfaltung der Seele
Übersetzung: Christine Bolam
© J. Kamphausen Verlag &
Distribution GmbH
info@j-kamphausen.de
www.weltinnenraum.de

Lektorat: Dr. Richard Reschika
Umschlag-Gestaltung:
Shivananda Heinz Ackermann
Typografie/Satz: Wilfried Klei
Zeichnungen: Christine Bolam
Druck & Verarbeitung:
Westermann Druck Zwickau

1. Auflage 2005
Die Deutsche Bibliothek – CIP-Einheitsaufnahme

Ein Titelsatz für diese Publikation
ist bei der Deutschen Bibliothek erhältlich

ISBN 3-89901-036-1

Dieses Buch wurde auf 100% Altpapier gedruckt und ist alterungsbeständig.
Weitere Informationen hierzu finden Sie unter www.weltinnenraum.de

Rhea Powers

Entfaltung der Seele

Ein 90-Tage-Programm zur Befreiung vom inneren Kritiker

Übersetzt von Christine Bolam

Für meinen geliebten Mann Christoph Krueger
und seine Eltern Joan Horner Krueger und Carl F. Krueger

Glaube nichts, nur weil die Weisen es behaupten.

Glaube nichts, nur weil es immer schon so war.

Glaube nichts, nur weil andere es glauben.

Prüfe und erfahre alles selbst.

Buddha
(aus dem Kalama Sutra)

Teil 4

Der innere Kritiker und deine Gefühle

EINFÜHRUNG

Das Buch, das du in Händen hältst, beinhaltet eine Anleitung zur spirituellen Entwicklung. Seine theoretischen Erkenntnisse und praktischen Übungen verfolgen die Absicht, dich durch ein Programm zu führen, das dein Verständnis deiner selbst vertiefen und erweitern kann. Es ist ein Arbeitsbuch. Indem du die Übungen durchführst, arbeitest du daran, deiner Seele zur Entfaltung zu verhelfen.

Jeder Eintrag enthält eine kurze einführende Betrachtung und eine Übung. Da die Übungen aufeinander aufbauen, ist es wichtig, sie in der angegebenen Reihenfolge durchzugehen, eine Übung pro Tag. Solltest du einmal einen Tag aussetzen, ist das auch in Ordnung – mache am nächsten Tag einfach an der Stelle weiter, an der du aufgehört hast. Nimm dir nie mehr als eine Übung pro Tag vor. Der Kurs kann als dreimonatige spirituelle Praxis betrachtet werden.

Nimm dir etwas Zeit, um die tägliche Betrachtung zu lesen und die dazugehörige Übung durchzuführen. Wie bei einer Meditationspraxis ist es auch hier hilfreich, täglich zur selben Zeit mit dem Buch zu üben. Ich würde dafür den Morgen vorschlagen, wenn du ausgeruht bist und die Betrachtung den ganzen Tag auf dein Bewusstsein wirken kann.
Du brauchst ein Notizbuch oder Tagebuch für den Kurs, in dem du all deine Reaktionen auf die Übungen aufschreiben kannst. Ich würde dir empfehlen, dieses Buch immer bei dir zu tragen, damit du weitere Reaktionen auf die Übungen, die im Laufe des Tages auftauchen können, notieren kannst.

Manche Übungen werden dich mehr ansprechen als andere. Das ist in Ordnung – doch alle Übungen sind gleich wichtig. Indem du die Erkenntnisse auf dich wirken lässt und die Fragen beantwortest, können unbewusste Informationen angestoßen werden. So kann dir dieser Selbsterforschungskurs ein tieferes Gefühl davon vermitteln, wer du bist.

Je mehr sich die Einsichten und Übungen in deinem Bewusstsein verankern, desto mehr wirst du von dem Buch profitieren. Solltest du dich entscheiden, den Kurs ein zweites Mal durchzuführen, wirst du entdecken, dass dein Verständnis und deine Erfahrungen immer tiefer werden.

Im Laufe des Buches werde ich die Bezeichnung „Über-Ich" und „innerer Kritiker" wechselseitig benutzen. Mit dem Wort „Mutter" meine ich neben der Mutter auch jede andere Person, die das Kind versorgt und großgezogen hat. Es kann sich dabei also auch um den Vater, die Großeltern, ein Geschwister, ein Kindermädchen usw. handeln.

Das Buch basiert auf meinen Erfahrungen bei der weltweiten Arbeit mit Gruppen in den letzten zwanzig Jahren sowie auf meinem Verständnis des Diamond Approach, wie er in der Ridhwan School gelehrt wird. Grundlage des Buches ist die Prämisse, dass wir zwar ein Ego und eine Persönlichkeit besitzen, diese jedoch in einer ungleich größeren Totalität – unserer wahren Natur – beheimatet sind. Die Arbeit dieses Kurses konzentriert sich darauf, die vom Ego geprägten Ichstrukturen ins Bewusstsein zu bringen, damit sich unsere unbewusste Identifikation mit diesen Strukturen auflösen kann und Raum für die Erfahrung unserer wahren Individualität als manifester Ausdruck des Göttlichen entsteht.

(Ein tieferes Verständnis des Über-Ichs bietet Ihnen das Buch „Befreiung vom inneren Richter" von Byron Brown, Kamphausen Verlag, Bielefeld.)

Teil 1
Wer oder was ist der innere Kritiker?

Der innere Kritiker

Betrachtung für den heutigen Tag

Dieser Kurs fördert deine spirituelle Entwicklung. Jede spirituelle Arbeit beginnt damit, dass wir uns der Wahrheit dessen annähern, wer wir sind. Das bringt manchmal mit sich, dass wir entdecken, wer wir nicht sind. Die Betrachtungen und Übungen dieses Buches geben dir die Möglichkeit, aufgrund eigener Erfahrungen zu entdecken, dass du nicht die- oder derjenige bist, den dein innerer Kritiker dir vorspiegelt.

Der innere Kritiker ist eine Struktur in unserer Psyche, die wir oft für die Stimme der Wahrheit halten. Doch das ist er nicht. Er ist nichts als eine Struktur. Er ist nicht Teil unseres wahren Wesens. Wie jede innere Struktur löst sich auch das Über-Ich auf, wenn wir es ans Licht des Bewusstseins bringen, denn es ist nicht Teil unserer essenziellen Natur. Um das zu tun, werden wir die Auswirkungen des inneren Kritikers auf unsere täglichen Erfahrungen von Moment zu Moment erforschen.

Es liegt in der Natur unsere Seele, sich zu entfalten und zu entwickeln. Um diese Entfaltung zu unterstützen, müssen wir eine Struktur in unserer Psyche verstehen lernen, die sich unserer Ausdehnung am meisten widersetzt – den inneren Kritiker. Der innere Kritiker entspricht der Stimme in deinem Kopf, die dich selbst und andere beurteilt und bewertet. Der innere Kritiker beobachtet ständig, was du tust, denkst, fühlst und wie du aussiehst. Er kritisiert alles, was kritisiert werden kann! Er lässt dich an dir selbst zweifeln. Er macht, dass du dich klein, unsicher oder einfach nur schlecht fühlst. In der Psychologie wird der innere Kritiker das Über-Ich genannt.

Für alle, die sich spirituell entwickeln wollen, gibt es noch einen weiteren Grund, die Funktion des Über-Ichs erkennen und verstehen zu lernen: Um es von der Stimme unserer inneren Führung unterscheiden zu lernen. Solange wir die Stimme des Über-Ichs nicht erkennen, wird es uns schwer fallen, die Stimme unserer einzigartigen inneren Führung zu verstehen, die uns näher zur Wahrheit dessen geleiten will, der wir sind.

Wir beginnen unsere Arbeit damit, die Stimme des Über-Ichs von anderen Gedanken unterscheiden zu lernen. Danach werden wir üben, uns gegen seine Stimme zu verteidigen und eine gewisse innere Freiheit zu erwerben. Das ist nicht leicht. Es ist auch nicht bequem. Doch wenn wir Frieden und innere Freiheit suchen und immer mehr erleben wollen, wer wir wirklich sind, kommen wir nicht daran vorbei.

Die Übung:

Versuche im Laufe des Tages, die Stimme des inneren Kritikers von deinen anderen Gedanken zu unterscheiden. Denke daran: Der innere Kritiker ist die Stimme, die dir sagt, was du sagen, tun, denken oder fühlen sollst. Außerdem sagt sie dir auch, was du *nicht* tun, sagen, denken oder fühlen sollst. Achte heute einfach darauf, die spezielle Stimme des inneren Kritikers bewusst wahrzunehmen. Wenn du eine Armbanduhr trägst, könntest du sie ausnahmsweise am anderen Handgelenk tragen – als Erinnerung, auf die Stimme des inneren Kritikers zu achten. Der innere Kritiker will übrigens, dass du vergisst, diese Übung zu machen.

Identifiziere deinen inneren Kritiker

Betrachtung für den heutigen Tag

Die innere Arbeit, die wir leisten müssen, um uns der Stimme des Über-Ichs gewahr zu werden, fordert viel von uns. Was sie erschwert ist die Tatsache, dass der innere Kritiker nicht unbedingt als klare innere Botschaft auftaucht, wie z.B.: „Du kannst nichts richtig machen!" Er kann sich als ein allgemeines Minderwertigkeitsgefühl, eine bestimmte Einstellung, eine innere Abwehrhaltung oder als ein Filter äußern, durch den wir die Realität erfahren. Häufig sind wir uns der eigentlichen Urteile des inneren Kritikers gar nicht bewusst. Die Stimme des Über-Ichs kann dadurch, dass sie unterdrückt wurde, wie vernebelt sein und nur noch als ein vages Gefühl von Enge und Anspannung an die Oberfläche kommen, das unsere Spontaneität und Lebendigkeit einschränkt. Plötzlich fühlen wir uns klein, nicht ganz da oder einfach nur falsch, ohne zu wissen, was passiert ist.

Wir unterdrücken die Stimme des inneren Kritikers, weil sie uns schmerzt. Um diesen Schmerz zu vermeiden, verbannen wir den inneren Kritiker ins Unbewusste. Es ist keine angenehme Aufgabe, seine Stimme wieder ans Licht des Bewusstseins zu bringen. Doch es lohnt sich.

Obwohl wir nicht viel Zeit damit zubringen werden, die Auswirkungen der verschiedenen Über-Ich-Varianten zu erforschen, möchte ich kurz darauf hinweisen, dass sich das Über-Ich an alle Situationen und Lebenslagen anpasst. Bei Menschen auf dem spirituellen Weg wird es zum spirituellen Über-Ich: „Du wirst ja immer noch wütend. Das ist aber nicht spirituell!" Achte im Laufe dieses Kurses auch auf dein spirituelles Über-Ich und behandle seine Urteile genauso wie alle anderen Angriffe.

Die Übung:

Achte weiterhin auf die innere Stimme, die dich beurteilt und bewertet. Sie kann als ein Gedanke auftauchen: „Das war dumm von mir!“ oder „Ich schon wieder!“ Oder du nimmst einfach wahr, dass du dich plötzlich klein und eng fühlst. Immer, wenn das geschieht, versuche, diese Erfahrung in Gedanken bis zu jenem Augenblick zurückzuverfolgen, an dem du begonnen hast, dich anzuspannen. Was war da los? Was für ein Gedanke war da, bevor du das Gefühl hattest, zu schrumpfen?

Versuche heute, den inneren Kritiker auf frischer Tat zu ertappen. Nutze dein Tagebuch und schreibe einige der charakteristischen Urteile auf, die dein innerer Kritiker über dich fällt. Du könntest auch wieder einen Ring oder deine Uhr wechseln, um daran zu denken, auf die Angriffe des inneren Kritikers zu achten.

Die Funktion des inneren Kritikers

Betrachtung für den heutigen Tag

Der Name „Über-Ich" beschreibt die Funktion dieser inneren Struktur und ihren Platz in der Hierarchie unserer Psyche. Aufgabe des Über-Ichs ist es, die Strukturen des Egos aufrechtzuerhalten. Unsere spirituelle Entwicklung hat damit zu tun, die Erfahrung unserer selbst auszuweiten. Dafür müssen wir die Stimme des inneren Kritikers verstehen lernen. Das Über-Ich wurde in Reaktion auf unser frühkindliches Umfeld gebildet und bindet uns deshalb an die Vergangenheit. Weil es daran festhält, wer wir einmal waren, müssen wir es kennen lernen und herausfordern, wenn wir unser wahres Potenzial verwirklichen und manifester Ausdruck des Göttlichen werden wollen.

Wie schon gesagt, ist unser Ego eine Matrix aus Strukturen und Identitäten, die in Reaktion auf unser frühkindliches Umfeld und die Menschen in ihm gebildet wurden. Wir haben uns mit diesen frühen Strukturen identifiziert. Solange wir das „Ich", für das wir uns halten, nicht genauer untersuchen, entspricht es diesem vom Ego gebildeten persönlichen Selbst.

Manchmal wird die spirituelle Entwicklung als Verschiebung von der Identifikation mit dem kleinen Selbst zur Identifikation mit dem größeren oder universalen Selbst beschrieben. Man könnte die spirituelle Entwicklung als Prozess beschreiben, in dem sich unser Gefühl, wer wir sind, vom Ego zum Sein oder vom falschen, auf Strukturen der Vergangenheit beruhenden Selbst zu unserem wahren Selbst verschiebt. Die wahre Natur oder die göttliche Energie entfaltet sich durch uns in der Gegenwart.

Um diese Verschiebung vom Ego zum Sein zu vollziehen, müssen wir das Über-Ich herausfordern. Das Über-Ich will sicherstellen, dass wir weiterhin mit den Geboten und Verboten der Vergangenheit (unseres frühkindlichen Umfelds) sowie mit dem, für den wir uns halten, identifiziert bleiben. Deshalb wird es unsere Entfaltung immer verhindern. Es will uns schützen, indem es unser altes Selbstbild aufrechterhält, das, wie wir gesehen haben, darauf basiert, wer wir als Kind waren, und nicht darauf, wer wir wirklich sind: Seelen, die sich auf der Erde inkarniert haben, um sich zu entwickeln.

Die Übung:

Erinnere dich an eine Zeit, in der du verstört oder aufgebracht warst und in der deine Persönlichkeit mit ihren vergangenen Identifikationen voll aktiviert war. Wie hat sich das in deinem Körper angefühlt? Was war mit deinem Denken?

Nun erinnere dich an eine Zeit, in der du mit dem Besten in dir verbunden warst und wo es sich anfühlte, als hättest du keine Persönlichkeit. Lass deinen Körper nachspüren, wie sich das anfühlte. Erinnere dich, was mit deinem Denken passierte. Wir alle kennen solche Augenblicke, in denen wir die Persönlichkeit transzendieren und uns umfassender erleben.

Schau, ob du im Laufe des Tages die Gegenwart deiner Persönlichkeit spüren kannst, die Art und Weise, wie du normalerweise auf bestimmte Ereignisse und Umstände reagierst. Achte auf die darunter liegenden Muster.

Das Über-Ich als Freund

Betrachtung für den heutigen Tag

Das Über-Ich ist eine Entwicklungsstruktur, die als Brücke zwischen unserem Instinkt, unserer Tiernatur und der Entwicklung unseres Gewissens dient. Es entsteht, wenn wir sechs, sieben oder acht Jahre alt sind und beginnen, unabhängig von der Familie als eigenständige Person in die Welt zu treten. Das Über-Ich gibt uns die Regeln, die es uns ermöglichen, mit anderen in der Welt klarzukommen. In jenem Alter haben wir noch nicht genug Lebenserfahrung, um zu wissen, welches Benehmen stimmig ist und welches nicht. Wir sind noch nicht reif und haben noch kein eigenes Gewissen entwickelt. Unser Über-Ich ist *nicht* unser Gewissen. Es ist die Stimme unserer vergangenen Programmierungen.

Unser Über-Ich versucht, uns zu schützen, indem es uns dazu anhält, den Vorstellungen und Idealen unserer Eltern, wie wir sein sollten, zu folgen. Unsere unentwickelte kindliche Vorstellung lässt uns glauben, wir müssten nur sein, wie unsere Eltern oder Versorger uns haben wollten, damit sie uns lieben würden und unser Überleben gesichert wäre. Unsere Tiernatur ist von einem starken Überlebensinstinkt geprägt.

Man kann sich das Über-Ich als ein Programm in unserem inneren Computer vorstellen, das einmal sehr nützlich – sogar überlebenswichtig – war, jetzt aber seine ursprüngliche Funktion nicht mehr erfüllt. Es war eigentlich als Übergangslösung gedacht. Doch es versucht weiterhin, sich einzumischen, obwohl seine Zeit längst vorbei ist. Wir brauchen das Über-Ich nicht mehr, um am Leben zu bleiben. Unser Überleben hängt nicht länger davon ab, ob wir nett zu unseren Eltern sind oder ihren Verhaltensregeln entsprechen. Doch leider leben die meisten von uns Tag für Tag immer noch so, als wären sie von der Zustimmung ihrer Eltern in Form der verinnerlichten Stimme ihres Über-Ichs abhängig.

Die Übung:

Erinnere dich an eine Zeit in deiner Kindheit, wo du deine Eltern verärgert hast. Wie hat ihre Missbilligung auf dich gewirkt? Wie hast du dich gefühlt? Welche Entscheidungen hast du gefällt? Beeinflussen diese Entscheidungen auch heute noch dein Verhalten oder deine Erfahrungen?

Schau, ob du eine Zeit aus der Kindheit wachrufen kannst, in der dein Überleben gefährdet war. Achte auf die Körpergefühle, die mit der Erinnerung einhergehen. Welche Entscheidungen hast du gefällt, als die Gefahr am größten war? Wie glaubtest du, sein zu müssen, um zu überleben? Beeinflusst diese Entscheidung immer noch dein Verhalten?

Hast du entdeckt, dass die Entscheidungen aus der Vergangenheit immer noch dein Leben beeinflussen? Dann kannst du dir jetzt vorstellen, wie das Über-Ich gebildet wird. Frage dich, ob die Entscheidungen, die du in der heutigen Übung entdeckt hast, auch heute noch einen Zweck erfüllen. Ist deine damalige Entscheidung, wie du sein müsstest, immer noch nützlich für dich?

Schreibe deine Beobachtungen in dein Tagebuch.

So wird die Seele geprägt

Betrachtung für den heutigen Tag

Die menschliche Seele ist formbar. Stell dir eine Wiese im Frühling vor, deren zarte, grüne Grashalme die Erde durchstoßen und sich dem Sonnenlicht entgegenstrecken. Nun stell dir vor, wie jemand über diese Wiese geht. Was passiert mit dem Gras? Ja, es gibt nach. Dann kommt der Regen und später der Sonnenschein, und nach einer Weile richtet sich das Gras wieder auf – genauso wie vor den Schritten. Doch was geschieht, wenn jemand hundertmal an derselben Stelle über das Gras läuft? Was passiert, wenn ein Trecker über die Wiese fährt?

Als wir noch jung und unbeschwert waren, sind verschiedene Menschen „über unsere Wiese gelaufen". Solange es nur zwei- oder dreimal geschah, hat es wahrscheinlich keine nennenswerten Spuren in unserer Seele hinterlassen. Hat dir deine Mutter jedoch immer wieder gesagt, wie egoistisch du bist, ist sicher eine Prägung in deiner Psyche zurückgeblieben. Und wenn dich dein Vater wiederholt als dumm bezeichnet und sogar geschlagen hat, hat das eine (Trecker-)Spur hinterlassen. Diese frühen psychischen Prägungen finden ihren Ausdruck in der Stimme des inneren Kritikers.

5

Die Übung:

In jedem von uns gibt es typische innere Urteile. Wenn du heute auf die Stimme des inneren Kritikers lauschst, achte darauf, welche Art der Selbstkritik am häufigsten auftritt. Stelle eine Liste mit den liebsten Abgriffen deines inneren Kritikers zusammen.

Achte auf Gedanken wie: „Ich sollte großzügiger sein." „Jetzt habe ich schon wieder einen Fehler gemacht!" „Ich werde nie gut genug sein!" „Was bin ich für ein Narr/ Trottel/Depp/Schlampe!" „Ich hätte das nie sagen sollen!" „Wie blöd von mir!"

Schau, ob die Urteile, die du am häufigsten gegen dich selbst fällst, ein Muster oder ein Thema erkennen lassen. Schreibe deine Liste in dein Tagebuch. Finde mindestens vier Urteile des inneren Kritikers, die sich ständig wiederholen – wir werden später mit ihnen arbeiten.

Wessen Stimme kritisiert uns?

Betrachtung für den heutigen Tag

Der innere Kritiker erhält mentale Strukturen aufrecht, die in unserer Kindheit geprägt wurden. Die innere Stimme, die unsere Gedanken und Handlungen kritisiert, war einmal die Stimme eines anderen, außerhalb von uns – meistens der Mutter oder der Person, die die Mutterstelle innehatte. Es kann auch die Stimme des Vaters oder eines Großelternteils, eines Lehrers, eines Priesters oder irgendeines Menschen gewesen sein, der dein Verhalten beurteilt hat, als du ein Kind warst. Wenn dein Vater dir direkt oder versteckt vermittelte: „Du bist nichts wert!", dann sagst du dir heute vielleicht genau dasselbe.

Die ehemals von außen kommende Stimme der Person, die uns beurteilte, ist in unser Unbewusstes gewandert und spricht nun durch unsere eigenen Gedanken mit uns. Ja, es ist nicht besonders angenehm, diese verborgenen Urteile ins Bewusstsein zu bringen. Wir haben die kritischen Aussagen auch deshalb verdrängt, weil sie sehr schmerzhaft waren. Dennoch – Bewusstsein führt in die innere Freiheit.

Die Übung:

Beobachte auch heute die Stimme des inneren Kritikers. Wenn du sie auf frischer Tat dabei ertappst, dass sie etwas Negatives über dich sagt, frage dich: „Wer war der oder die Erste, die das zu mir sagte?" Wessen Stimme beurteilt dich wirklich? Vielleicht hilft ein Blick auf die Liste, auf der du die beliebtesten Angriffe deines inneren Kritikers notiert hast. Schau nach, ob du bei jedem Angriff den ursprünglichen Sprecher identifizieren kannst.

Versuche, dich an eine Szene zu erinnern, in der du hörst, wie der ursprüngliche Sprecher dieses Urteil über dich fällt. Fühle dich in die Szene ein und nimm, so gut du kannst, wahr, wie du dich damals gefühlt hast. Wie hat sich der Angriff körperlich angefühlt? Welche Entscheidungen hast du gefällt? Hört sich irgendeine dieser Entscheidungen wie die Stimme des Über-Ichs an? Schreibe deine Beobachtungen in dein Tagebuch.

Das Über-Ich als schützende Instanz

Betrachtung für den heutigen Tag

Menschen, die in ihrer Kindheit mit Missbrauch, Gewalt oder sehr strengen Eltern zu tun hatten, entwickeln meist ein sehr starkes Über-Ich – ein Über-Ich, das ständig versucht, sie vor einem „Traktor" zu schützen. Wenn wir als Kinder mit extremen Reaktionen rechnen mussten, sobald wir aus der Reihe tanzten, wenn wir für jede eigenmächtige Tat heftig bestraft wurden, oder wenn wir besonders feinfühlig auf jede negative Anmerkung reagierten, dann kann das Über-Ich glauben, es müsse besonders wachsam sein, um uns auf dem rechten Pfad zu halten. Es versucht, uns vor Gefahren zu beschützen, indem es jede unserer Handlungen daraufhin abwägt, ob sie den Verhaltensvorgaben unserer Eltern entspricht.

Hat es in deinem Leben Fälle von heftigem physischem Missbrauch gegeben, könnte es hilfreich sein, einen erfahrenen Traumatherapeuten zu Rate zu ziehen, der die zellulären Auswirkungen des Missbrauchs beheben kann. Es ist wichtig, zu verstehen, dass die Stimme des Über-Ichs als verinnerlichte Stimme der Menschen, die damals für unser Überleben verantwortlich waren, die volle Intensität unserer damaligen Konditionierung verkörpert. Wenn deine Eltern oder Versorger besonders streng mit dir waren, wird auch dein Über-Ich sehr streng mit dir umgehen.

Ich möchte noch einmal darauf hinweisen, dass unser Über-Ich versucht, uns vor Strafen zu schützen. Um uns davor zu bewahren, bestraft zu werden, versucht es, unser Verhalten darauf abzustimmen, was unsere Versorger in der Vergangenheit für akzeptabel hielten.

7

Die Übung:

Wie wurdest du bestraft, wenn deine Eltern unzufrieden mit dir waren? Wie fühlten sich ihre Reaktionen für dich an? Was geschah in deinem Körper? Hast du damals irgendwelche Entscheidungen getroffen? Das geringste Zeichen, dass ihm Liebe, Zuneigung oder Anerkennung entzogen werden, kann von einem Kind als Strafe empfunden werden. Auch wenn die Strafe nicht heftig ist, haben wir das Gefühl, etwas falsch gemacht zu haben. Doch leider war die Strafe manchmal heftig. Wenn du als Kind schwer bestraft wurdest, setze dich nicht unter Druck, wenn du versuchst, dich zu erinnern. Sei sanft mit dir selbst, wenn du diese Übung machst.

Wenn du dich daran erinnerst, wie deine Versorger dich behandelt haben, sobald sie unzufrieden mit dir waren, achte auf Parallelen zwischen ihrer Reaktion und der Art, wie dein Über-Ich heute mit dir spricht. Wie fühlt sich dein Körper an, wenn du von deinem Über-Ich angegriffen wirst?

Den inneren Kritiker nach außen projizieren

Betrachtung für den heutigen Tag

Wenn man etwas ans Bewusstsein bringt, das letztlich nicht wahr ist, wird es sich auflösen. Die Wahrheit über dich gehört immer dir und kann nie verschwinden. Nur das, was falsch ist, kann sich auflösen. Bisher haben wir uns darauf konzentriert, Klarheit über die spezifischen Urteile des inneren Kritikers zu gewinnen. Wir tun das, damit sie ihre Macht über uns verlieren und sich auflösen können.

Es macht uns Angst, unsere Urteile über uns selbst genauer anzuschauen, weil wir insgeheim fürchten, dass sie wahr sein könnten. Die Beobachtung, dass ein Mensch musikalisch begabt ist, während ein anderer eher ein Talent für Zahlen hat, mag objektiv stimmen, sie enthält jedoch kein Urteil. Es ist nicht gut oder schlecht, sondern einfach nur eine Tatsache – wie z. B. die Beobachtung, dass ein Mensch schwarzes und ein anderer braunes Haar hat. Man mag zwar Vorlieben haben, aber diese implizieren noch kein Urteil. Sobald ein Urteil mit im Spiel ist, lauert der innere Kritiker im Hintergrund.

Die Übung:

Eine Möglichkeit, das unbewusste Material unseres inneren Kritikers aufzudecken, besteht darin, unsere Urteile über andere zu untersuchen. Oftmals verurteilen wir bei anderen, was wir insgeheim an uns selbst verurteilen. Wir projizieren unsere Selbstkritik auf die anderen und die ganze Welt. Es ist daher sehr hilfreich, unsere Kritik an anderen zu beobachten, um einige Urteile über uns selbst zu entdecken.

In dieser Übung geht es darum, wahrzunehmen, wie du andere kritisierst. Die Urteile können sich als Gedanken oder als offen ausgesprochene Kritik zeigen. Wenn du merkst, dass du jemanden verurteilst, frage dich, ob du dasselbe Urteil auch über dich selbst fällst. Entdeckst du dabei einen deutlichen Angriff des inneren Kritikers, füge ihn deiner Liste hinzu. In den nächsten Übungen werden wir mit der Liste arbeiten.

Werde dir deines inneren Kritikers im Laufe des Tages immer wieder bewusst. Du hast schon eine ganze Menge geleistet, und es war sicher nicht einfach. Nimm ein paar tiefe Atemzüge, und hebe deine rechte Hand sanft und bewusst vor dir in die Höhe. Dann greife langsam über deine linke Schulter und klopfe dir ein paar Mal auf den Rücken. Gut gemacht!

Die Zeichen erkennen

Betrachtung für den heutigen Tag

Wir haben daran gearbeitet, die Gegenwart des Über-Ichs und seine spezifischen Angriffe zu erkennen. Wir haben versucht, die Stimme des Über-Ichs von unseren anderen Gedanken zu unterscheiden, damit wir sie erkennen können, wenn sie in Aktion tritt.

Wir haben gesehen, dass wir an den Urteilen, die wir über andere hegen, erkennen können, wie wir die Urteile unseres Über-Ichs auf andere projizieren. Eine weitere Möglichkeit, etwas über die relative Stärke unseres Über-Ichs zu lernen, besteht darin, unsere Reaktionen auf Autoritätsfiguren zu beobachten.

Wenn wir ein starkes Über-Ich besitzen, gibt es zwei Möglichkeiten, wie wir auf äußere Autoritäten reagieren: Wir rebellieren oder wir geben auf. Beiden Reaktionen mangelt es an Freiheit. Als soziale Wesen brauchen wir Vereinbarungen und Regeln, um das Leben in der Gemeinschaft zu strukturieren. Wir brauchen eine Verkehrsordnung. Wir brauchen Gesetze. Wir brauchen sogar soziale Normen, die uns das Leben in der Welt erleichtern. Diese Richtlinien und viele andere können im täglichen Leben als Ausdruck von Autorität betrachtet werden.

Unsere Eltern waren einst unsere einzige Autorität. Später ergänzten Lehrer und spirituelle Autoritäten die Liste derer, die eine gewisse Macht über uns besaßen. Es kann nicht genug betont werden, dass unser Überleben als abhängige, hilflose Säugetiere in den Händen dieser Autoritätsfiguren lag.

9

Die Übung:

Wir neigen dazu, „Mami" und „Papi" auf die Welt zu projizieren. So kann es sein, dass wir unbewusst auf alle Autoritätsfiguren genauso reagieren, wie auf die ersten Autoritätsfiguren in unserem Leben. Menschen mit verschiedenen Persönlichkeitstypen reagieren verschieden auf Autoritäten, doch wenn wir darauf achten, wie wir im Allgemeinen auf die Regeln reagieren, die von äußeren Autoritäten aufgestellt wurden, können wir daraus schließen, wie unser eigenes Über-Ich funktioniert. Vielleicht können wir etwas über die innere Struktur unseres Über-Ichs lernen, wenn wir sehen, wie wir als Erwachsene auf Autoritäten reagieren.

Schau dir an, wie du auf Signale reagierst, die dein Verhalten regeln sollen. Überschreitest du beim Autofahren die Geschwindigkeitsbegrenzung? Bist du beleidigt, wenn du nicht auf dem Rasen laufen darfst? Redest du laut im Kino, nachdem andere Zuschauer dich auffordern, leise zu sein?

Oder achtest du sorgsam darauf, die Regeln zu beachten? Wirst du nervös, wenn du ein Polizeiauto siehst, und machst du dir Sorgen, vielleicht etwas falsch gemacht zu haben? Was erlebst du innerlich, wenn du Regeln befolgen sollst? Wie reagierst du auf die Zeichen? Achte im Laufe des Tages darauf, wie du auf Regeln und Gesetze reagierst.

Bist du bei der Arbeit eine Autoritätsfigur für andere oder bist du der Autorität eines anderen unterstellt? Wie ist das für dich? Schreibe deine Entdeckungen in dein Tagebuch.

Teil 2
Verteidigung gegen den inneren Kritiker

Verteidigung gegen den inneren Kritiker

Betrachtung für den heutigen Tag

Wir haben daran gearbeitet, die Stimme des inneren Kritikers von unseren anderen Gedanken zu unterscheiden. Der innere Kritiker ist nicht böse. Unsere Eltern haben nichts falsch gemacht, als sie uns beizubringen versuchten, wie wir sein sollten und wie nicht. Unsere Konditionierung ist ein nützlicher Aspekt unseres Sozialisationsprozesses. Wir mussten erfahren, dass es nicht richtig ist, unseren kleinen Bruder aus dem Fenster zu werfen oder die Katze in den Ofen zu stecken. Als Erwachsene jedoch können wir alles, was uns der innere Kritiker über uns selbst und die Welt erzählt, bewusst betrachten und herausfinden, ob seine Kommentare und Urteile auch heute noch für uns gelten. Anhand der Betrachtungen und Übungen in diesem Buch werden wir die Beschaffenheit unseres Über-Ichs untersuchen. Doch bevor wir genauer betrachten, wie sich das Über-Ich auf die Beziehung zu unserem Körper und unser Gefühlsleben auswirkt, werden wir zunächst etwas Zeit darauf verwenden, zu lernen, wie wir seine Angriffe abwehren können.

Es gibt zwei Gründe, warum wir lernen, uns gegen den inneren Kritiker zu wehren. Zum einen fällt es uns zu Beginn unserer Arbeit mit dem Über-Ich schwer, zwischen dem, als was wir uns selbst erfahren, und der Stimme des Über-Ichs zu differenzieren. Es ist schwierig, die Stimme des Über-Ichs von unseren anderen Gedanken zu unterscheiden. Wir lernen, uns zu wehren, damit wir uns von den Angriffen distanzieren können. Das ist wichtig, weil wir die Stimme des Über-Ichs bislang für die Stimme der Wahrheit gehalten haben.

Ein weiterer Grund, warum wir lernen, uns gegen den inneren Kritiker zu wehren, ist, dass er im Laufe der Arbeit mit diesem Buch aktiviert werden könnte. In unserer Sicht wurde das Über-Ich als schützende Instanz gebildet, und es hat ursprünglich versucht, uns zu helfen. Wir sehen auch, dass es nicht länger stimmig ist, uns mithilfe seiner Stimme selbst anzugreifen.

Die Übung:

Wähle vier Angriffe deines inneren Kritikers aus der Liste, die du kürzlich geschrieben hast. Du brauchst sie für die nächste Übung. Nimm am Anfang nicht die Angriffe, die eine heftige Ladung für dich enthalten. Spare sie dir auf, bis du eine gewisse Meisterschaft in der Kunst der Verteidigung gegen den inneren Kritiker gewonnen hast. Mit anderen Worten, es ist vielleicht einfacher, mit einem Urteil über deine Nase anzufangen als mit einem Urteil über deinen grundsätzlichen Wert als menschliches Wesen.

Gehe also die Liste der häufigsten Angriffe deines Über-Ichs durch und schreibe vier davon auf, mit denen du üben willst, dich gegen das Über-Ich zu wehren. Lass die Angriffe auf dich wirken und teste ihre Durchschlagskraft. Achte darauf, was mit deiner Energie passiert. Achte darauf, welche Körpergefühle die Angriffe hervorrufen.

Humor als Verteidigungsstrategie

Betrachtung für den heutigen Tag

Was heute die Stimme des inneren Kritikers ist, war einst ein wichtiger Anteil unseres Reifeprozesses. Unsere Eltern haben uns einen Dienst erwiesen, als sie uns lehrten, wie wir auf unser frühes Umfeld reagieren sollten. Wie gesagt, ist uns ein Großteil unserer Konditionierung nicht mehr bewusst. Wir brauchen nicht mehr zu überlegen, ob wir die Hand ins offene Feuer strecken sollen oder nicht – wir haben automatisch Respekt vor dem Feuer. Das ist ein Beispiel für unsere frühe Konditionierung. Es ist hilfreich, automatisch nach rechts und links zu schauen, bevor wir eine Straße überqueren. Es ist nicht hilfreich, auf eine Einladung zum Schifahren automatisch mit Ablehnung zu reagieren, nur weil man „nicht sportlich" ist. („Papa hat immer gesagt, mein Bruder sei der Sportler in der Familie.")

Sich mit Humor gegen den inneren Kritiker zu verteidigen, ist eine fantastische Möglichkeit. Der innere Kritiker ist sehr ernst. Alles, was er tut, ist bedeutungsvoll. Er erwartet, ernst genommen zu werden – schließlich war er einst die Stimme der Götter. (Mama und Papa haben göttergleiche Macht über ihr Kind – sie verschaffen ihm alles, was es zum Leben braucht.) Deine Verteidigung mithilfe von Humor nimmt dem inneren Kritiker den Wind aus den Segeln.
Du verschaffst dir etwas mehr Raum, in dem du *sein* kannst. Wenn du Humor einsetzt, um die Energie des inneren Kritikers zu entschärfen, kann es sein, dass du dir respektlos oder gotteslästerlich vorkommst. Nimm während des Übens wahr, wie sich das für dich anfühlt.

Hier sind einige Beispiele, wie man sich mit Humor verteidigt: „Ich – und langsam? Klar, Schatz, meine Mama sagt, wer zu schnell ist, kommt in die Hölle!" „Faul? Gott, ich bin so faul, dass eine Schnecke neben mir hyperaktiv erscheint!" „Ich bin so faul, dass die Kollegen meinen Posteingang als Bermuda-Dreieck bezeichnen!" „Ach, habe ich wieder was Dummes gesagt? Das muss schon das zweite Mal in diesem Jahr sein!" „Ich und wertlos? Sag das mal dem Typ, der mir gestern Nacht 1000 Euro gezahlt hat!"

Die Übung:

Nimm dir die Liste mit den vier Angriffen des inneren Kritikers vor, die du für die letzte Übung aufgestellt hast, und übe, dich mit Humor zu verteidigen. Wenn du den inneren Kritiker im Laufe des Tages in Aktion erwischst, verteidige dich (leise) mit Humor und achte darauf, was geschieht. Was passiert in deinem Körper, wenn du dem Angriff erfolgreich seine Macht nimmst?

Unsinn als Verteidigungsstrategie

Betrachtung für den heutigen Tag

Wir alle haben schon versucht, die Angriffe eines Menschen abzuwehren, mit dem wir persönlich in Beziehung stehen. Da wir gerade lernen, welche Verteidigungsstrategien gegen die Angriffe des Über-Ichs funktionieren, sollten wir auch darüber sprechen, welche *nicht* funktionieren. Wenn wir einen Augenblick nachdenken, ist uns sicher klar, dass bei Auseinandersetzungen bestimmte Dinge nicht funktionieren: Es hat keinen Sinn, sich zu rechtfertigen, alles zu erklären oder defensiv zu werden. Dasselbe gilt für unsere Beziehung mit dem inneren Kritiker.

Es funktioniert nicht, sich für etwas zu rechtfertigen, das man getan oder nicht getan hat. „Ich bin nicht wirklich dumm. Wenn du wüsstest, wie wenig ich in letzter Zeit vor lauter Sorge geschlafen habe, und ..." Das ist eine Reaktion, die überhaupt nichts bringt. Genauso nutzlos ist es, einen Angriff abzuwehren, indem man zu erklären versucht, warum man etwas getan oder nicht getan hat: „Ich bin gar nicht dumm – ich habe nur nicht die Chance gehabt, etwas Ordentliches zu lernen, weil meine Eltern dachten, eine Ausbildung sei für ein Mädchen nicht wichtig." Zu erklären, warum ein Angriff nicht gerechtfertigt ist, hat nichts damit zu tun, einen Angriff abzuwehren. Auch eine defensive Haltung bringt uns nicht weiter: „Ich bin gar nicht dumm. Ich habe sehr gute Zensuren in der Schule. Du solltest den Brief sehen, den meine Lehrerin neulich an meine Eltern geschickt hat." Wir haben all diese Strategien schon ausprobiert und wissen, dass sie nicht funktionieren.

Eine weitere, häufig katastrophale Strategie zur Abwehr von Angriffen ist der Gegenangriff. „Ach, sieh an, du hältst mich also für dumm? Schau dich doch selbst an, faul und gemein wie du bist!" Wir alle haben zweifellos erlebt, dass Gegenangriffe den Konflikt nur anheizen. Doch wenn wir uns gegen das Über-Ich verteidigen, tun wir das in der Absicht, den Angriff zu stoppen. Es geht uns nicht darum, irgendwie die bessere Antwort zu finden oder uns für etwas, das was wir getan haben, zu rechtfertigen.

Die Übung:

Wir haben gesehen, dass der innere Kritiker bierernst ist und von uns verlangt, ernst genommen zu werden. Wenn wir ihn auslachen, verliert er seine Macht. Wir sind diejenigen, die der Stimme des Über-Ichs ihre Macht verleihen, weil wir ihr glauben oder Angst vor ihr haben. Wir haben geglaubt, was Mami und Papi über uns gesagt haben. Wir nehmen die Stimme des Über-Ichs ernst. Weil wir dem inneren Kritiker die Macht geben, kann er unsere Expansion und Spontaneität so effektiv blockieren.

Die heutige Übung besteht darin, die Angriffe des inneren Kritikers zu erkennen, wenn sie auftauchen, und sich auf unsinnige Weise zu verteidigen. Wenn du einen Angriff des inneren Kritikers bemerkst, gib ihm eine sinnlose Antwort: „Und mein Onkel Stefan trägt rote Unterwäsche!", „Die Elefanten in Alaska bringen die Eisberge zum Kentern", „Nachts ist es kälter als draußen!"

Was passiert mit der Energie des Angriffs? Schreibe deine Beobachtungen (und deine liebste blödsinnige Antwort) in dein Tagebuch.

Aggression als Verteidigungsstrategie

Betrachtung für den heutigen Tag

Die jungen Anteile unserer Psyche finden es oft gefährlich, sich gegen die Stimme des inneren Kritikers zur Wehr zu setzen. Schließlich gehörte seine Stimme ursprünglich einem Menschen, von dem wir abhängig waren. Als Mitglieder der Tierfamilie haben wir unsere Überlebensinstinkte in Jahrtausenden der Evolution immer mehr geschärft. Wir Menschen sind lange Zeit nach unserer Geburt völlig hilflos. Solange wir Babys sind, liegt unser Überleben voll und ganz in den Händen der Menschen, die für uns sorgen, und wir lernen schon sehr früh, dass es in unserem ureigensten Interesse ist, es denen, die für uns sorgen, recht zu machen.

Wenn wir beginnen, uns gegen die verinnerlichte Stimme unserer frühen Versorger zur Wehr zu setzen, kann sich das – besonders für die kindlichen Anteile unserer Psyche – extrem bedrohlich anfühlen. Es kann uns vorkommen, als setzten wir unser Überleben aufs Spiel. Dem kindlichen Teil unserer Psyche ist es völlig gleichgültig, ob der innere Kritiker unseren Überschwang, unsere Spontaneität oder unsere Expansion einschränkt – er will einfach nur überleben und glaubt, dafür der verinnerlichten Stimme eines Menschen gehorchen zu müssen, der einst unser Leben in der Hand hielt. Sich gegen diese Stimme zu verteidigen, kann sich anfühlen, als müsste man sterben oder würde in die Verdammnis geschickt.

Heute werden wir üben, uns auf aggressive Weise gegen das Über-Ich zu verteidigen. Wenn du zu denen gehörst, die von ihren Eltern angeschrieen oder geschlagen wurden, wenn sie „Widerworte" gaben, wird diese Übung eine besondere Herausforderung für dich sein. Dein Körper fürchtet sich vielleicht immer noch davor, geschlagen zu werden.

Die Übung:

Übe mit denselben vier Angriffen des inneren Kritikers wie gestern. Heute geht es darum, sich auf aggressive Weise gegen diese Angriffe zu verteidigen. Wenn du einen Angriff hörst, sage dem inneren Kritiker innerlich und leise, aber mit Nachdruck: „Hau ab" oder „Halt die Klappe". Du kannst auch „Stopp!" sagen. Wähle so kraftvolle Ausdrücke, wie du brauchst, um den Angriff aufzuhalten. Hierbei geht es nicht um einen Gegenangriff, sondern nur darum, die Energie des Angriffs zu stoppen. Das ist der Karate-Weg zur Verteidigung gegen den inneren Kritiker.

Achte im Laufe des Tages auf die Stimme des inneren Kritikers, und wenn du hörst, wie sie dich angreift, reagiere auf aggressive Weise. Nimm wahr, was passiert, wenn du dich verteidigst – und wenn du dich erfolgreich gegen die Stimme des inneren Kritikers zur Wehr gesetzt hast, schreibe deine Beobachtungen in dein Tagebuch.

Verletzlichkeit als Verteidigungsstrategie

Betrachtung für den heutigen Tag

Wir haben schon sehr früh gelernt, dass unsere Eltern unbedingt Recht haben mussten: Hätten sie nicht Recht gehabt, wären wir in Schwierigkeiten gewesen. Damals waren lieber wir selbst im Unrecht, als zuzulassen, dass die Menschen, von denen wir abhängig waren, Unrecht hatten – das wäre viel zu gefährlich gewesen. Es war leichter, ihnen einfach zu glauben, wenn sie uns als selbstsüchtig, böse, dumm, ungeschickt usw. bezeichneten, als an ihnen zu zweifeln. Wir waren zutiefst verletzlich. Was immer sie auch sagten – wir neigten dazu, ihnen zu glauben, selbst wenn es weh tat.

In der siebten Betrachtung haben wir gesehen, dass alle, die von ihren Eltern gezüchtigt wurden, wenn sie nicht gehorchten, besondere Schwierigkeiten haben, sich gegen die Stimme des inneren Kritikers zur Wehr zu setzen. Die elterlichen Verbote sind in ihren Zellen gespeichert, und die Zellen erinnern sich daran!

Wenn wir geschlagen wurden, weil wir „laut waren", kann es sein, dass unser Körper bei dem Gedanken, vor einem Mikrofon zu stehen – sei es in einer Karaoke-Bar oder bei einem geschäftlichen Treffen – buchstäblich zu zittern beginnt.

Als Kinder konnten wir uns gegen die Urteile unserer Eltern nicht zur Wehr setzen. Wir konnten nicht zurückschlagen. Wir konnten nicht weglaufen, obwohl manche von uns versucht haben, ihren Körper zu verlassen oder abzuspalten, um den Schmerz nicht mehr zu spüren. Wir konnten erstarren, und manchmal sind Teile unserer Lebendigkeit immer noch wie gelähmt, weil wir einst versuchten, uns so vor den Angriffen unserer Eltern zu schützen. Als Kinder hatten wir auch nicht die Möglichkeit, unseren Eltern zu erklären, wie sich ihre

Urteile oder Angriffe für uns anfühlten. Unser Bewusstsein war noch nicht entwickelt genug. Die meisten von uns glaubten einfach alles, was die Eltern sagten.

Die Übung:

Wenn wir unsere Verletzlichkeit einsetzen wollen, um uns gegen den inneren Kritiker zu verteidigen, brauchen wir eine andere Art der Standfestigkeit, als wenn wir aggressiv vorgehen. Wir müssen wahrhaftig und ehrlich sagen, wie der Angriff auf uns wirkt, und das können wir nur, wenn wir uns ein Recht auf unsere Gefühle zugestehen und davon überzeugt sind, wichtig zu sein. Wir müssen in der Lage sein, unsere Gefühle zu erkennen und uns selbst zuzugestehen, dass das, was wir fühlen, wichtig ist.

Wenn du im Laufe des Tages den inneren Kritiker bei einem Angriff ertappst, nimm wahr, wie du dich damit fühlst, und reagiere dann mit der Wahrheit. Das kann zum Beispiel so aussehen: „Es tut wirklich weh, das zu denken", „Bei diesem Gedanken fühle ich mich klein und hilflos", „Ich fühle mich frustriert, wenn ich diesen Kommentar immer und immer wieder höre".

Was geschieht mit der Energie des Angriffs, wenn du deine Wahrheit anerkennst? Schreibe deine Beobachtungen am Ende des Tages auf.

Zustimmung als Verteidigungsstrategie

Betrachtung für den heutigen Tag

Wir wissen jetzt, dass der innere Kritiker eine Stimme in unserem Kopf ist, die uns beurteilt und bewertet. Zwar widmen wir uns in diesem Buch hauptsächlich den negativen Urteilen des Über-Ichs, doch manchmal heißt es unser Verhalten auch gut. So gratuliert es uns zum Beispiel, wenn wir brav waren und seinen Maßstäben entsprochen haben. Und sogar die Maßstäbe für unser „gutes" Verhalten beruhen, wie schon gesagt, auf der Vergangenheit, das heißt auf dem, was wir einmal waren, und nicht auf dem, was wir jetzt sind.

Wir genießen es oft, von unserem inneren Kritiker „gut" gefunden zu werden, doch sollten wir nie vergessen, dass Dinge, die „gut" für uns waren, als wir klein waren und die Führung des Über-Ichs benötigten, jetzt, im Erwachsenenalter, nicht unbedingt gut sind. Wenn uns das Über-Ich gratuliert, weil wir genauso hart arbeiten wie unser Vater oder weil wir genauso verständnisvoll sind wie unsere Mutter, handeln wir vielleicht weiterhin auf eine Art und Weise, die uns heute nicht mehr gut tut. Obwohl wir in diesem Buch nicht viel Zeit darauf verwenden, uns die Auswirkungen der positiven Urteile des Über-Ichs anzusehen, möchte ich daran erinnern, dass Zustimmung und Ablehnung zwei Seiten derselben Münze sind. Wir sind nicht gut oder schlecht. Wir sind einfach nur.

Es ist ziemlich knifflig, den inneren Kritiker mithilfe deiner Zustimmung schachmatt zu setzen. Eine solche Strategie funktioniert nur, wenn du nicht auf die Negativität hereinfällst, die mit den Beurteilungen des Kritikers einhergeht. Wir alle entwickeln uns, und es gibt Bereiche, in denen wir uns gerne anders verhalten würden, als wir es tun. Das gilt für jeden von uns. Der innere Kritiker ist der Meinung, dass unser Verhalten uns zu „schlechten" oder „guten" Menschen macht. Das ist nicht wahr. Unser Verhalten ist einfach unser Verhalten. Vielleicht wird es sich verändern, wenn wir bewusster werden, und vielleicht auch nicht. Tja, so ist das.

Die Übung:

Wenn du dich selbst objektiv betrachten und so, wie du bist, anerkennen kannst, ohne gleich zu denken: „Deshalb bin ich ein schlechter oder unvollkommener Mensch", dann bist du auch fähig, dich gegen den inneren Kritiker zu wehren, indem du ihm zustimmst. Wenn du ehrlich von dir sagen kannst: „Ja, manchmal bin ich etwas knickerig" und das völlig in Ordnung findest („Na, und?"), dann wird jeder diesbezügliche Angriff sofort zerstreut. Ist dein „Na, und?" allerdings defensiv gemeint, dann ist es zur Verteidigung nicht geeignet.

Achte heute auf innere oder äußere Angriffe und schau, ob sie irgendeine objektive Wahrheit enthalten. Wenn ja, arbeite an deiner Einstellung, bis es dir gelingt, die Macht des Angriffs aufzulösen, indem du ihm zustimmst. Zur Erinnerung: Der innere Kritiker versieht jede objektive Wahrheit immer mit einem Schuss Negativität – falle nicht darauf herein! Vielleicht bist du manchmal wirklich faul. Aber diese Wahrheit tut deinem Wert als menschliches Wesen keinen Abbruch.

Deine Lieblingsverteidigung

Betrachtung für den heutigen Tag

Wir haben verschiedene Techniken gelernt, um uns gegen den inneren Kritiker zur Wehr zu setzen. Wie schon bemerkt, fallen uns einige dieser Techniken schwerer als andere. Wenn du dich zum Beispiel für eine ernsthafte, wichtige Person hältst, macht es dir dieses Selbstbild vielleicht leichter, den inneren Kritiker mit Aggressionen zu besiegen als mit Humor oder Unsinn. Der innere Kritiker wird selbst versuchen, dein Selbstbild als ernsthafter Mensch aufrechtzuerhalten, und das erschwert es dir, Humor einzusetzen – sogar gegen den inneren Kritiker.

Wenn du aus einer netten Familie kommst oder dich für einen lieben, freundlichen Menschen hältst, kannst du dich wahrscheinlich nicht so leicht aggressiv gegen die Angriffe des inneren Kritikers zur Wehr setzen. Und wenn du dazu erzogen wurdest, deinen Eltern nie zu widersprechen, wird eine aggressive Abwehr schwerer für dich sein als eine humorvolle.

Die Übung:

Wir haben geübt, uns gegen die weniger vernichtenden Urteile des inneren Kritikers zu verteidigen. Du hast verschiedene Techniken ausprobiert und wahrscheinlich eine gefunden, die dir mehr liegt als die anderen – eine Technik, von der du das Gefühl hast, du könntest sie meistern. Die heutige Übung besteht darin, dir einen „dicken Fisch" vorzunehmen und deine bevorzugte Verteidigungstechnik gegen ihn einzusetzen.

Wähle von den sich wiederholenden Urteilen gegen dich selbst eines aus, das eine kraftvolle Ladung enthält – ein Urteil, das sehr schwierig oder schmerzhaft ist. Nun wende im Laufe des Tages immer wieder deine bevorzugte Technik an, um dich gegen diesen Angriff zur Wehr zu setzen. Wiederhole den Angriff in Gedanken und verteidige dich.

Achte darauf, was mit der Ladung des Angriffs passiert, wenn du dich immer wieder gegen ihn verteidigst. Beobachte, ob sich seine Wirksamkeit verändert. Schreibe deine Beobachtungen am Ende des Tages in dein Tagebuch.

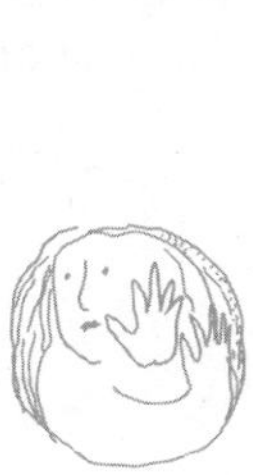

Urteil und Verteidigung

Betrachtung für den heutigen Tag

Wie schon besprochen, projizieren wir unseren eigenen inneren Kritiker nach außen auf die Menschen in unserem Umfeld – und die tun genau dasselbe. Das alles geschieht vollkommen unbewusst und größtenteils automatisch. Es braucht Gewahrsein, um von dieser unbewussten Dynamik innerhalb der Ich-Struktur frei zu werden.

Wenn dir jemand sagen würde, die Durchschnittstemperatur am Polarkreis betrüge +40° Celsius, würdest du wahrscheinlich einfach sagen, dass er Unrecht hat, und das Ganze fallen lassen. Es ist nicht sehr wahrscheinlich, dass du mit starken Emotionen reagieren würdest – derjenige hat sich ganz einfach getäuscht. Es ist keine große Sache. Wenn jemand behauptet, du hättest rote Haare, und du weißt genau, dass du braune Haare hast, ist das auch keine große Sache. Derjenige hat ganz einfach Unrecht.

Wenn dich jemand nun aber als Pfennigfuchser bezeichnet und du Angst hast, tatsächlich etwas knauserig zu sein, dann kann diese Bemerkung deine Gefühle verletzen. Immer, wenn dich die Urteile, die ein anderer über dich fällt, verletzen, kannst du sicher sein, dass bei dir eine energetische Ladung besteht: Jede Kritik, die bei dir eine Reaktion auslöst, enthält wahrscheinlich eines der Urteile, die dein eigener innerer Kritiker über dich fällt.

Die Übung:

Rufe dir Momente ins Gedächtnis, in denen dir die kritischen Bemerkungen oder negativen Urteile eines anderen richtig weh getan und extreme Reaktionen bei dir hervorgerufen haben – Reaktionen, die in keinem Verhältnis zur Tatsache standen, dass ein Mensch, der dir etwas bedeutet, dich kritisiert hat. Ich meine die Momente, in denen dich das, was der andere sagt, so richtig erwischt hat.

Normalerweise gibt es verschiedene kritische Bemerkungen, die du sehr ungern hörst: „Du bist so konservativ." „Du kriegst deine Sachen einfach nicht auf die Reihe!" „Man merkt gleich, dass du ein Ossi/Wessi bist!" „Wo sind deine Manieren?" „Du bist so egoistisch!" Versuche, die kritischen Bemerkungen zu entdecken, die dich garantiert auf die Palme bringen. Je kürzer die Erfahrung zurückliegt, desto effektiver wird die Übung für dich sein.

Wenn du zwei eindeutige Angriffe im Sinn hast, übe, dich mental gegen sie zu verteidigen. Lausche auf die Angriffe und finde in Gedanken eine Verteidigungsform, die dem Angriff die Energie entzieht. Um in der Übung zu bleiben, probiere jede der vier Verteidigungsstrategien aus, mit denen wir gearbeitet haben: Humor, Unsinn, Aggression und Verletzlichkeit. Finde heraus, welcher Ansatz für dich am besten funktioniert. Teste zum Schluss auch aus, ob Zustimmung vielleicht deine beste Verteidigungsform ist: „Ja, das stimmt. Ich denke normalerweise immer zuerst an mich." (Na, und?)

Schadensbegrenzung

Betrachtung für den heutigen Tag

Du kannst dir einen Angriff des Über-Ichs – egal, ob er von anderen oder deinem inneren Kritiker kommt – als einen Pfeil vorstellen, der auf dein Herz abgeschossen wird. Beim Verteidigen besteht der Trick darin, den Pfeil aufzuhalten oder abzulenken, bevor er ins Ziel trifft. Wie jede Fähigkeit, die man neu dazulernt, braucht auch die Verteidigung gegen den inneren Kritiker eine gewisse Übung und schnelles Denken.

Wenn du lernst, wirkungsvoll mit dem inneren Kritiker umzugehen, ist das so, als würdest du Muskeln trainieren, die du nie zuvor benutzt hast. Es braucht Zeit und Übung. Du kannst nicht erwarten, die Verteidigung gegen den inneren Kritiker sofort zu meistern. Wenn du zum ersten Mal einen Tennisschläger in die Hand nimmst, erwartest du auch nicht gleich, wie ein Champion zu spielen. Dasselbe gilt, wenn du lernst, dich gegen den inneren Kritiker zu verteidigen. Manchmal trifft sein Pfeil mitten ins Ziel – und wenn du es bemerkst, brauchst du ihn nur noch loszuwerden.

Die Übung:

Wir haben geübt, den inneren Kritiker auf frischer Tat zu ertappen und uns gegen seine Angriffe zur Wehr zu setzen. Wie du wahrscheinlich entdeckt hast, ist das nicht einfach. Manchmal entzieht er sich.

Achte heute darauf, wann der innere Kritiker seine Treffer erzielt. Du wirst wissen, dass er das Ziel getroffen hat, wenn du dich plötzlich anspannst und zusammenziehst. Immer, wenn du plötzlich zögerst oder das Gefühl hast, nicht mehr im Fluss zu sein, immer wenn du an dir selbst zweifelst, hat der innere Kritiker gerade ins Schwarze getroffen.

Bei der heutigen Übung geht es um Schadensbegrenzung. Wenn du merkst, dass der innere Kritiker dich getroffen hat, kannst du die Wucht des Schlages immer noch mindern, indem du erkennst, was passiert ist. „Ach je, du schon wieder! Ich dachte, ich hätte dich losgeschickt, meine Mutter zu besuchen." „Na gut, du hast mich erwischt. Jetzt verzieh dich!" Normalerweise genügt es, anzuerkennen, dass die Kontraktion oder das unangenehme Gefühl nicht deine Wahrheit, sondern das Werk des inneren Kritikers sind, um dich wieder in deine Mitte zu bringen. Wenn du diese Fähigkeit wirklich meisterst, wird sie dir ein Leben lang zur Seite stehen.

Den Drachen transformieren

Betrachtung für den heutigen Tag

Es ist die Arbeit von Helden und Heldinnen, sich gegen die Angriffe des inneren Kritikers zu verteidigen. Er gleicht einem Drachen in unserem Inneren, vor dem die meisten in Angst und Schrecken fliehen. Wenn du dich nach innen wendest, dem Drachen begegnest und dich erfolgreich gegen ihn verteidigst, kann er von einem westlichen in einen orientalischen Drachen verwandelt werden.

In der westlichen Mythologie stiehlt der Drache Schätze, symbolisiert durch Jungfrauen und kostbare Juwelen, die er nicht gebrauchen kann, und versteckt sie vor denjenigen, denen sie gehören. Auf dieselbe Weise stiehlt der innere Kritiker alles in uns, was wertvoll und unschuldig ist. Er hält unsere inneren Reichtümer vor uns verborgen. Er stiehlt unsere Lebendigkeit, unsere Spontaneität und unsere Expansion. Der chinesische Drache ist ein Symbol für Leben und Vitalität. Er ist der Verbündete all jener, die sich auf die Reise zu ihrer eigenen Lebendigkeit begeben.

Die Übung:

Übe weiterhin, die Angriffe des inneren Kritikers zu erkennen und dich gegen sie zur Wehr zu setzen. Auf diese Weise findest du heraus, wie du dich fühlst, wenn du dich erfolgreich gegen den inneren Kritiker verteidigt hast. Kommt es dir vor, als hättest du mehr Raum? Fühlst du dich schuldig? Fühlst du dich frei? Wie fühlt sich diese Freiheit an? Ist sie angenehm oder unangenehm? Wie genau fühlt sich eine erfolgreiche Verteidigung an?

Schreibe deine Beobachtungen in dein Tagebuch. Indem du dir sehr klar darüber wirst, wie es ist, sich gegen den inneren Kritiker zu verteidigen, wird der gesamte Prozess von Bewusstsein erfüllt. Und es ist unser Bewusstsein, das die unechten Strukturen dazu bringt, sich aufzulösen. Die Stimme des inneren Kritikers ist nicht die Stimme deines wahren Selbst. Die Stimme des inneren Kritikers ist die konditionierte Stimme der Vergangenheit.

Auf ins Getümmel!

Betrachtung für den heutigen Tag

Es gibt kein Gebiet in unserem Leben, in dem der innere Kritiker nicht aktiv ist. Im Zuge unserer gemeinsamen Arbeit werden wir sehen, auf welche Weise der innere Kritiker oder das Über-Ich bestimmt, wie wir uns selbst und die Realität erfahren.

Der innere Kritiker beurteilt uns sowohl auf negative als auch auf positive Weise. Wenn wir den Maßstäben des Über-Ichs entsprechen, lobt er uns. Er erzählt uns, wie großzügig, rücksichtsvoll oder brillant wir sind. Wenn unsere Mutter glücklich war, dass wir unser Zimmer geputzt haben, werden wir uns heute gut damit fühlen, den Hausputz gemacht zu haben. Wenn wir stolz sind, die Garage aufgeräumt zu haben, wie es uns unser Vater einmal beigebracht hat, dann geben wir uns die Anerkennung, die uns unser Vater gegeben hätte. Für die jungen Anteile der Psyche kann das sehr beruhigend sein, aber es ist keine Freiheit.

Auch positive Urteile sind Werteinschätzungen. Sie machen unseren Wert von unserem Verhalten abhängig. Eine solche von „guten" oder „schlechten" Taten abhängige Wertschätzung impliziert, dass wir weniger wert wären, wenn wir nicht das „Richtige" tun würden. Das entspricht nicht der Wahrheit.

Wenn wir uns wieder mit unserem wahren Wesen verbinden wollen, müssen wir zum einen über die negativen Urteile des Über-Ichs hinausgehen, zum anderen aber auch unser Bedürfnis nach der positiven Verstärkung, die das Über-Ich unseren Ichstrukturen gibt, überwinden.

Die Übung:

Beobachte den inneren Kritiker und setze dich gegen ihn zur Wehr. Heute ist Praxistag: Nimm den inneren Kritiker in dem Moment wahr, in dem er dich angreift, und verteidige dich gegen seinen Angriff. Nimm auch wahr, wann du ihn auf einen Menschen in deiner Umgebung projizierst. Beende den Angriff – sei er in Gedanken oder in Worten –, sobald du ihn erkennst. Achte darauf, was geschieht. Sei dir gewahr, wenn ein anderer seinen inneren Kritiker auf dich projiziert, und wehre dich auf angemessene Weise gegen den Angriff. Es kann zum Beispiel sein, dass Verletzlichkeit bei deinem Vorgesetzten besser funktioniert als Aggression!

Schreibe deine Beobachtungen abends wieder in dein Tagebuch – das wird dir helfen, deine Erfahrungen beim Abwehren des inneren Kritikers zu vertiefen und zu integrieren.

Achte auch darauf, ob du positive Urteile deines inneren Kritikers erkennen kannst. Welche Bedeutung hat das positive Feedback deines Über-Ichs? Wem willst du es recht machen?

Teil 3
Der innere Kritiker und dein Körper

Körperliche Anspannung gleich seelische Anspannung

Betrachtung für den heutigen Tag

Im nächsten Abschnitt dieses Buches liegt unsere Aufmerksamkeit auf dem Körper und der Beziehung, die wir zu ihm haben. Die meisten von uns sind stark mit ihrem Körper identifiziert. Wenn wir das, als was wir uns erfahren, über unsere üblichen, in der Vergangenheit konditionierten Identitäten und Selbstbilder hinaus ausdehnen wollen, ist es hilfreich, zunächst die Vorstellungen, die wir von unserem Körper haben und unsere Einstellungen ihm gegenüber zu erforschen und ins Bewusstsein zu bringen.

Wir haben gesehen, dass das Über-Ich uns dazu veranlasst, uns anzuspannen und zusammenzuziehen. Es ist nicht der einzige Auslöser für körperliche Anspannung, aber wenn wir auf den Körper achten und merken, dass wir uns anspannen, hilft uns das, dem Über-Ich auf die Schliche zu kommen. Wenn wir schon vorhandene Spannungsmuster im Körper erforschen, können wir auch erkennen, wie der Körper auf die Aktivierung des Über-Ichs reagiert. Das Über-Ich äußert sich, wie gesagt, nicht immer als eine Stimme oder ein klarer Gedanke in unserem Kopf, sondern häufig in Form von vagen Körpergefühlen, einer bestimmten Einstellung oder einer Art Nebel, der sich zwischen uns und unsere Wahrnehmung schiebt. Außerdem hat es eine Menge über unseren Körper zu sagen.

Seelische Spannungen zeigen sich im Körper. Aristoteles soll gesagt haben, dass die Seele „die Fähigkeit hat, den Körper zu manifestieren". Die meisten glauben, die Seele befände sich innerhalb des Körpers, doch in Wirklichkeit ist es genau anders herum: Der Körper ist in der Seele. Wenn er stirbt, verlässt die Kraft, die ihn am Leben gehalten hat, den Körper, doch die Seele stirbt nicht. Sie hört einfach auf, diesen bestimmten Körper zu manifestieren.

Auf dieselbe Weise, wie seelische Spannungen sich im Körper manifestieren, können körperliche Spannungen nach einer gewissen Zeit eine Prägung in der Seele hinterlassen. Eine entspannte Seele führt zu einem entspannten Körper, und wenn sich der Körper entspannt, kann das zur Entspannung der Seele beitragen. Es ist möglich, an der Seele zu arbeiten, indem man am Körper arbeitet, und ebenso kann die Arbeit an der Seele eine Veränderung im Körper bewirken. Schon das schlichte Gewahrsein unserer körperlichen Spannungen kann dazu beitragen, die Seele zu entspannen.

Die Übung:

Nimm einen tiefen Atemzug. Lass deinen Körper entspannen. Nun atme noch ein paar Mal tief durch und nimm dabei wahr, wo du Spannungen in deinem Körper festhältst. Achte auf die Bereiche, in denen häufig Spannungen gehalten werden: den Kiefer, die Schultern und den Nacken, den Solarplexus und die Genitalien.

Immer wenn du auf deine Armbanduhr oder eine Uhr schaust, entspanne deinen Körper ganz bewusst: Sobald du feststellst, dass du nach der Uhrzeit schaust, nimm dir die Zeit für ein paar tiefe Atemzüge und finde heraus, wie angespannt du gerade bist. Achte auf die Stellen, an denen dein Körper Spannungen festhält, und stelle dir vor, dass dein Atem dorthin strömt und die Spannungen löst.

Erforsche die Spannungsmuster deines Körpers

Betrachtung für den heutigen Tag

In der Seele eines jeden Menschen gibt es Spannungen, die sich auf seinen Körper auswirken. Die Bereiche, in denen wir Spannungen im Körper festhalten, können mit unserer persönlichen Geschichte in Zusammenhang gebracht werden. Außerdem kann es sein, dass unsere Seelen Prägungen aus früheren Leben aufweisen.

Traumatische Erfahrungen in der Kindheit können die Seele ebenfalls prägen, und die damals entstandenen Prägungen können sich heute als Spannungsmuster in unserem Körper spiegeln. Das Zellgedächtnis des Körpers verlagert die damalige Erfahrung als jetzige Spannung in die Gegenwart. Wenn wir die ursprüngliche, Anspannung erzeugende Erfahrung ins Bewusstsein rufen, kann sich die Spannung im Körper nach und nach auflösen.

Es ist wichtig, sich daran zu erinnern, dass wir als kleine Menschenkinder unglaublich sensibel waren. Viele Dinge, die einer jungen Seele als traumatisches Ereignis erschienen, findet der Erwachsene nicht besonders schlimm. Begehe deshalb nicht den Fehler, zu glauben, die folgende Übung sei nichts für dich, nur weil du eine schöne Kindheit hattest.

Die Übung:

Erinnere dich an die letzte Übung und an die Stellen in deinem Körper, an denen du Spannungen festhältst. Wähle eine dieser Stellen aus und richte heute deine Aufmerksamkeit auf sie. Jedes Mal, wenn du heute auf die Uhr schaust, atme zu der Stelle hin, in der die Spannung festgehalten ist, und frage dich, ob irgendeine spezifische Information in dieser Körperstelle verborgen ist.

Erscheinen irgendwelche Bilder aus der Vergangenheit? Kommen dir Gedanken in den Sinn? (Spannungen im Kiefer können zum Beispiel eine Strategie sein, Worte zurückzuhalten, die du gerne sagen würdest, aber vor lauter Angst nicht zu sagen wagst.) Sind in der Spannung irgendwelche Einstellungen oder Meinungen verborgen? Irgendein Gefühl? Nimm einfach wahr, was auftaucht, wenn du deine Aufmerksamkeit auf eine Stelle richtest, in der du gewöhnlich Spannungen festhältst.

Schreibe deine Entdeckungen heute Abend in dein Tagebuch.

Angespannt sein, um sich zugehörig zu fühlen

Betrachtung für den heutigen Tag

Wir alle haben unbewusste Selbstbilder, die mit unserer Ursprungsfamilie verknüpft sind. Jede Familie hat eine spezielle Art, mit dem Leben umzugehen. Manche Familien sind sehr entspannt, andere voller Energie. Wir gleichen uns unbewusst an unsere frühe Umgebung an. Es kann sein, dass wir die Spannungsmuster unserer Familie oder eines speziellen Familienmitglieds übernommen haben. Diese unbewussten Muster können uns das Gefühl geben, einen Platz in der Familie zu haben. Sie können uns ein unbewusstes Zugehörigkeitsgefühl vermitteln.

Die familiären Spannungsmuster können geografisch geprägt sein. Wenn du in Berlin oder Frankfurt aufgewachsen bist, hast du dich vielleicht an einen gewissen inneren Spannungspegel gewöhnt, der einem Menschen aus dem hintersten Oberbayern fremd erscheint.

Manche Kinder beginnen bestimmten Familienmitgliedern zu gleichen. Eine solche oftmals unbewusste Identifikation kann viele Gründe haben. Sie äußert sich zum Beispiel darin, dass der Betreffende die Verhaltens- und Spannungsmuster des jeweiligen Familienmitglieds nachahmt.

Die Übung:

Werde dir im Laufe des Tages immer wieder deiner Spannungsmuster bewusst. Atme in die Spannung hinein und finde heraus, an wen dich das Spannungsmuster erinnert. Hat dein Vater seine Zähne so zusammengepresst? Hat deine Mutter unaufhörlich versucht, ihre Ohren mit den Schultern zu berühren, um Haltung zu bewahren? Hat dein Lieblingsonkel ebenso die Gelenke geknackt, wie du es tust, wenn du im Stress bist?

In manchen Familien herrschte (und herrscht vielleicht noch immer) eine unterschwellige Atmosphäre von Anspannung. Wenn du so aufgewachsen bist, kann es sein, dass sich eine entspannte Atmosphäre bedrohlich für dich anfühlt. Es ist, als fehle dir etwas. Es ist durchaus möglich, dass dir Entspannung Unbehagen bereitet, weil sie dir so fremd ist. Das Über-Ich kann die Botschaft aussenden, dass es gefährlich ist, sich zu entspannen. Wenn du dich entspannst, bist du vielleicht nicht auf einen unerwarteten Angriff vorbereitet.

Welches Tempo oder welcher Rhythmus herrschte in deiner Ursprungsfamilie? Wie passt dieses Tempo zu dem Tempo, das du normalerweise lebst? Welche Ähnlichkeiten siehst du zwischen den Spannungen, die du in deinem Körper trägst, und den Spannungsmustern in deiner Familie? Achte im Laufe des Tages gezielt darauf. Denke daran: Wir suchen nach blinden Flecken, weil sich die Muster, die uns bewusst werden, aufzulösen beginnen.

Schreibe deine Beobachtungen am Ende des Tages in dein Tagebuch.

Frühe Muster, um mit Spannungen umzugehen

Betrachtung für den heutigen Tag

Zu Beginn unserer Arbeit mit dem Körper und unserer Einstellung ihm gegenüber haben wir unser Augenmerk auf die Spannungen gerichtet, die wir im Körper tragen. Oft ist uns gar nicht bewusst, dass wir Spannungen in uns tragen. Einige von uns haben den Bezug zu ihrem Körper so sehr verloren, dass sie erst auf der Massagebank oder bei einer freundschaftlichen Schultermassage merken, wie angespannt sie sind.

Jeder von uns geht anders mit Stress um. Vielleicht müssen wir erst nach dem dritten Stück Schokolade greifen, bevor wir uns fragen, ob wir im Stress sind. Auch ein plötzlicher Frustkauf kann darauf hindeuten, dass wir angespannt sind.

Die Art und Weise, wie wir mit Anspannungen umgehen, entspricht oft dem Umgang mit Stress, der in unserer Kindheitsfamilie üblich war. Wenn unsere Eltern vor lauter Stress an die Decke gingen, teilte uns das unterschwellig mit, dass es akzeptabel war, seine Gefühle auszuagieren, um Anspannungen abzubauen. Wurden die Spannungen hingegen stillschweigend geschluckt, kann es dir unvorstellbar vorkommen, über den Stress in deinem Leben zu reden. Auch hier übernimmt das Über-Ich die Aufgabe, uns zu erzählen, was akzeptabel ist und was nicht.

Die Übung:

Wenn du heute weiterhin deine Aufmerksamkeit auf die Körperstellen richtest, in denen du deine Anspannungen festhältst, erinnere dich daran, wie in deiner Ursprungsfamilie mit Spannungen umgegangen wurde. Vergleiche die Art und Weise, wie du mit Spannungen oder Stress umgehst, mit der Art und Weise, wie deine Familienmitglieder damals mit ihren Spannungen umgegangen sind.

Denk daran: Rebellion ist keine Freiheit. Wenn dein Vater im Stress dazu neigte, seine Aggressionen an der Familie auszulassen, und du dir geschworen hast, nie wie er zu sein, stehst du noch immer unter seinem Einfluss. Solange du auf ihn reagierst, bist du nicht frei, den natürlichen Ausdruck deiner eigenen Seele zu finden.

Anspannung und der innere Kritiker

Betrachtung für den heutigen Tag

Der innere Kritiker ist ein Meister darin, Spannungen zu erzeugen. Er sorgt dafür, dass wir unsere Muskeln zusammenziehen. Im Laufe der Zeit können wiederholte Äußerungen des inneren Kritikers dazu führen, dass in bestimmten Körperbereichen chronische Spannungsmuster entstehen.

Wie wir in unserer bisherigen Arbeit mit dem Über-Ich gesehen haben, beschneidet unsere eigene innere Selbstkritik unsere Lebendigkeit, was zu dem Gefühl führt, kleiner zu sein. Wenn dein innerer Kritiker zum Beispiel immer wieder sagt: „Für wen hältst du dich eigentlich?“, dann versuchst du wahrscheinlich, dich kleiner zu machen, indem du dich zusammenziehst – und das erzeugt ein bestimmtes Spannungsmuster in deinem Körper.

Eine andere Möglichkeit, wie der innere Kritiker körperliche Spannungen erzeugt, besteht darin, dass er dich veranlasst, alles negativ zu beurteilen, was anders gehandhabt wird als in deiner Ursprungsfamilie. Wenn es in deiner Familie z.B. üblich war, sich selbst klein zu machen, kann es dir unvorstellbar vorkommen, aufrecht und für alle sichtbar in der Welt zu stehen. Dann reicht es, einfach nur deine Haltung zu ändern, um das Über-Ich zum Angriff herauszufordern.

Die Übung:

Rate mal, was wir heute üben werden! Richtig – lausche auf die Stimme des inneren Kritikers und finde heraus, was er über deine Spannungsmuster zu sagen hat. Vergiss nicht: Der innere Kritiker tadelt uns nicht nur – er lobt uns auch. Vielleicht wird er dich dafür loben, dass dein Körper, weil du so hart arbeitest, am Ende des Tages nur noch aus Knoten besteht. Oder er erzählt dir, dass das Leben unglaublich hart ist und du nicht erwarten kannst, irgendetwas geschenkt zu bekommen. Die Bemerkungen mancher inneren Kritiker lassen auch eine gesellschaftliche oder religiöse Arbeitsmoral durchscheinen.

Wenn du heute auf deine Körperspannungen achtest, sei wachsam für die subtilen Urteile des inneren Kritikers und wende deine liebste Verteidigungsmethode an.

Der innere Kritiker ist nie zufrieden

Betrachtung für den heutigen Tag

Der innere Kritiker lässt sich nicht nur über deine Anspannungen aus. Er verursacht sie auch, indem er dich kritisiert. Er will nicht, dass du entspannt und offen bist – schließlich könnte er die Kontrolle verlieren. Dein innerer Kritiker ist nie zufrieden. Mit leiser Stimme gibt er dir immer wieder zu verstehen, dass du mehr leisten könntest, ein besserer Mensch sein könntest oder die Dinge anders tun müsstest. „Mehr", „besser" und „anders" sind Lieblingsworte des inneren Kritikers.

Wenn du viel erledigt hast, wird dein innerer Kritiker dir erzählen, du hättest eine Menge mehr schaffen können. Wenn du gute Arbeit geleistet hast, wird er behaupten, du hättest sie besser machen können, ja, müssen. Oder er wird dich darauf hinweisen, was du alles anders hättest tun können. („Tja, wenn du das bloß nicht gesagt hättest!") Diese ständig ablaufenden inneren Kommentare machen es uns schwer, zu entspannen.

Wenn du in den Spiegel schaust, bevor du ausgehst, wird dein innerer Kritiker behaupten, du seiest zu dick oder zu dünn. Auch über deine Kleidung, deine Haare oder deine Haut hat er negative Urteile zu vergeben. Das lässt nicht gerade Entspannung aufkommen. Es wird nicht leichter, auszugehen und Spaß zu haben, im Gegenteil: Du spannst dich an und ziehst dich zusammen.

Die Übung:

Achte auf Botschaften deines inneren Kritikers, die zu körperlichen Spannungen führen. Es kann sein, dass er am Wochenende mit anderen Kommentaren aufwartet als in der Woche, doch letzten Endes wirst du merken, dass sich die darin enthaltenen Urteile genauso auf deine Stimmung und deine Lebendigkeit auswirken.

Achte darauf, wie sich dein Spannungspegel verändert, wenn du die Kommentare des inneren Kritikers entdeckst und dich erfolgreich gegen sie verteidigst.

Ein Ruhetag

Betrachtung für den heutigen Tag

Wenn dein Körper entspannt ist, kann sich deine Seele ausdehnen. Der innere Kritiker ist nicht an deiner Expansion interessiert. Er will einfach nur den Status Quo aufrechterhalten. Wenn du deinen Körper bewusst entspannst, wirst du offen dafür, dich auf neue Weise zu erleben und auszudrücken.

Das Ego ist eine Art Aktivität, eine Aufregung. Es braucht ständig Energie, um zu existieren. Wenn wir uns entspannen und für den gegenwärtigen Augenblick öffnen, ohne unser Erleben zu verurteilen, kann es sehr gut sein, dass wir in unserem wahren Wesen ruhen.

Bei dem Versuch, unser System ins Gleichgewicht zu bringen, werden wir oft unbewusst, um die inneren Spannungen aufzulösen. Wir schalten ab. Wir heben ab. Wir sind nicht gegenwärtig. Das ist so, als wollten wir Urlaub von unserem Leben nehmen. Haltet die Welt an – ich will aussteigen!

Wir entspannen uns nicht oft bewusst. Wenn wir uns jedoch entspannen und gleichzeitig gegenwärtig und aufmerksam bleiben, sagen wir unserem Körper und unserem Unbewussten, dass es in Ordnung ist, die inneren Spannungen loszulassen. Wir können gleichzeitig gegenwärtig sein und entspannen. Mein Lehrer, Hameed Ali *, sagt gerne: „Wenn du dein Ego loswerden willst, entspanne es zu Tode!"

* Auch A. H. Almaas. Begründer des Diamond Approach und der Ridhwan-Schule. Bücher u.a.: Facetten der Einheit, J.Kamphausen Verlag, Bielefeld.

27

Die Übung:

Nimm dir heute eine halbe Stunde Zeit, um dich bewusst zu entspannen. Gehe spazieren. Lass dich massieren. Nimm ein langes, heißes Bad. Höre deine Lieblingsmusik. Finde einen Weg, deinen Körper ganz bewusst zu entspannen und zur Ruhe zu bringen. Die einzige Bedingung bei dieser Übung ist, gegenwärtig zu bleiben. Also keine Nickerchen. Viel Vergnügen! Und – achte darauf, was dein Über-Ich zu der heutigen Übung zu sagen hat.

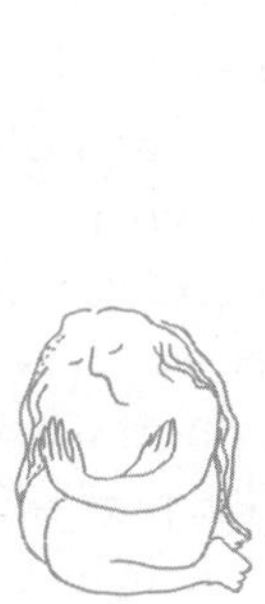

Betrachte deinen Körper nicht als selbstverständlich

Betrachtung für den heutigen Tag

Wir konzentrieren uns heute weiterhin auf den Körper. Obwohl die Medien jede Menge Informationen anbieten, wie wir fit werden können und was wir essen oder nicht essen sollen, verhalten sich viele von uns immer noch, als bestünde die Aufgabe ihres Körpers einzig darin, ihren Kopf von einem Ort zum andern zu bringen.

Wir neigen dazu, unseren Köper für selbstverständlich zu halten. Wir sind beleidigt, wenn er alt oder krank wird, nicht funktioniert oder ganz einfach nicht so aussieht, wie wir es für richtig halten. Fast glauben wir, ein Recht darauf zu haben, dass unser Körper absolut unseren Wünschen entspricht. Trotzdem nehmen wir uns nur selten die Zeit, wirklich bewusst im Körper gegenwärtig zu sein.

Während der nächsten Kapitel werden wir einige Zeit darauf verwenden, unseren Körper genauer kennen zu lernen. Wir denken an die Funktionen unseres Körpers, nehmen uns aber selten die Zeit, den Körper selbst wertzuschätzen.

Wir brauchen uns jetzt nicht mit vergangenen Leben zu beschäftigen – auch die alten Traumata aus diesem Leben sind in den Zellen unseres Körpers gespeichert. Während einer Massage, einer bioenergetischen Übung oder im Laufe unseres ganz normalen, täglichen Lebens können sie an die Oberfläche kommen. Man könnte sagen, dass unsere Körperzellen ein Gedächtnis besitzen, oder – anders herum betrachtet – dass alles, was unseren Körper beeinflusst, auch unsere Seele prägt. Da jeder von uns (jeder Körper) eine andere Geschichte hat, kann es sein, dass du auf manche Übungen stärker ansprichst als auf andere.

28

Die Übung:

Die heutige Übung mag dir merkwürdig vorkommen – versuche also einfach, ohne Vorurteile weiterzulesen. Vielleicht erinnerst du dich an den Film „Eine Reise in das Innere des Körpers“? Heute werden wir auf eine ähnliche Reise gehen. Achte auf die Stimme des inneren Kritikers, während du die folgende Übung liest. Erinnere dich daran, dass es seine Aufgabe ist, dein Erleben auf ein bekanntes (und damit sicheres) Gebiet einzuschränken. Erlaube ihm nicht, dich davon abzuhalten, die folgenden Übungen zu machen und mit ihnen zu experimentieren. Nimm dir Zeit und lass dich so tief auf die Übungen ein, wie du kannst.

Heute geht es darum, den Tag mit deinem linken Fuß und deinem linken Bein zuzubringen. Sprich (leise) mit deinen Zehen. Finde heraus, wie es ihnen geht. Spüre deinen linken Fuß während du gehst. Nimm wahr, wie sich die Knochen bewegen, wenn du einen Schritt tust. Lenke deine Aufmerksamkeit dann nach oben in deine Wade. Richte deine Aufmerksamkeit auf die Muskelschichten deines Unterschenkels. Achte auf alle Anspannungen. Lass die Spannungen bewusst los.

Gehe dann mit deiner Aufmerksamkeit zu deinem linken Knie. Ist dir klar, wie viele Dienste dir dieses Gelenk schon geleistet hat? Was will dein Knie dir sagen? (Nicht lachen – zuhören!) Werde dir jetzt deines linken Oberschenkels bewusst. Spüre tief und bewusst in das Gewebe der langen Oberschenkelmuskeln. Danke den Muskeln, dass sie dich in die Welt hinaustragen.

Bleibe den ganzen Tag mit deiner Aufmerksamkeit bei deinem linken Fuß und deinem linken Bein. Wähle irgendeine Tätigkeit, die du im Laufe des Tages öfter wiederholen musst und die dich daran erinnern kann, dich mit deinem Bein zu verbinden. Vielleicht kannst du wieder jedes Mal, wenn du auf die Uhr schaust, deine Aufmerksamkeit auf dein linkes Bein richten. Versuche, jedes Mal, wenn du dich hinsetzt oder in Bewegung setzt, an dein linkes Bein zu denken. Finde etwas, das dir dabei hilft.

Mit der linken Hand

Betrachtung für den heutigen Tag

Unsere Arme erzählen eine andere Geschichte als die Beine. Sie sind zum Umarmen da – und zum Zuschlagen. Wir strecken die Arme nach den Dingen aus, die wir uns wünschen. Wir ballen die Fäuste, wenn wir wütend sind. Wir kauen an den Nägel, wenn wir nervös sind. Mit den Händen können wir andere heilen oder verletzen. Unsere Hände und Arme können verfluchen oder beten.

Wir hören zwar mit den Ohren, doch unsere Hände haben auch ihre Sprache. Unsere jeweilige Kultur bestimmt, was wir mit den Händen sagen dürfen und was nicht. Eine Geste, die in einer Kultur „viel Glück" bedeutet, gilt in einer anderen als obszön. Einige Kulturen benutzen ihre Hände beim Sprechen, andere nicht. Wie ist das bei dir?

Wenn die Augen der Spiegel der Seele sind, dann könnte man die Hände als das Tor bezeichnen, durch das die Seele in die Welt kommt. Die Seele manifestiert den Körper, und die Hände dieses Körpers ermöglichen es der Seele, sich in der Welt zu manifestieren.

29

Die Übung:

Bei der heutigen Übung geht es darum, deine Aufmerksamkeit so oft wie möglich auf deine linke Hand und deinen linken Arm zu richten. Wenn du Rechtshänder bist, könntest du probieren, eine Mahlzeit mit deiner linken Hand zu essen. Oder versuche, irgendeine scheinbar einfache Tätigkeit mit der linken Hand zu erledigen, und du wirst merken, wie unbewusst du deine dominante Hand benutzt. Wenn du versuchst, etwas mit der anderen Hand zu tun, musst du sie mit vollem Bewusstsein bewegen.

Wie bei der letzten Sitzung mit dem linken Knie, bringe heute deine Aufmerksamkeit bewusst in jedes Gelenk und alle Muskeln der linken Hand und des linken Armes. Nimm wahr, wie die Knochen sich bewegen. Vielleicht bist du am Arm gestoßen oder gezerrt worden. Vielleicht hast du Spritzen oder Impfungen in dem Arm bekommen. Hast du dir jemals einen Knochen im linken Arm, am Handgelenk oder an der Hand gebrochen? Was kann dir dein linker Arm über seine Geschichte erzählen? Was möchte er dir gerne sagen?

Nimm Dir im Laufe des Tages fünf Minuten Zeit, um bewusst deine linke Hand anzuschauen. Betrachte die Nägel, die Beschaffenheit der Haut und die Form der Finger. Schau auf die Adern und die Linien in deiner Handfläche, nimm all die verschiedenen Bewegungen wahr, die Hand und Finger machen können. Lass die Stimme des inneren Kritikers nicht an der Übung teilnehmen. Was für ein Gefühl hast du zu deiner linken Hand?

Rechtshändige Erinnerung

Betrachtung für den heutigen Tag

Wenn du Rechtshänder bist, dann greifst du mit der rechten Hand nach den Dingen, die du gerne haben möchtest. (Wenn du Linkshänder bist, kannst du dich bei dieser Betrachtung auf die linke Hand konzentrieren.) Vielleicht gab es Momente, wo du deine Hand nach etwas ausstrecktest und sie geschlagen wurde. Oder es wurde dir etwas weggenommen. Welche Auswirkungen hat das heute auf deine Wünsche?

Es ist eine Eigenschaft des Herzens, sich etwas zu wünschen. Unsere Wünsche kommen aus dem Herzen. Bei der spirituellen Arbeit ist es wichtig, die Bedürfnisse deines Herzens zu spüren. Bringe dein Bewusstsein in dein Herzzentrum. Ich meine damit nicht das physische Herz, sondern das Energiezentrum, das manchmal auch das vierte Chakra genannt wird. Es sitzt in der Mitte der Brust auf dem Brustbein, etwa zwei Drittel von der Halsgrube abwärts. Die Energie dieses Zentrums fließt ganz natürlich durch die Arme zu den Händen, sobald wir sie nach etwas ausstrecken, das wir uns wünschen.

Unsere Fähigkeit, uns etwas zu wünschen, ist von Entscheidungen überlagert. Manche haben ihre Fähigkeit, zu wünschen, blockiert. Andere haben das Wünschen aufgegeben. Es kann schmerzhaft sein, das Wünschen genauer zu betrachten. Wir werden es langsam tun.

Die Übung:

Wir beschäftigen uns zwar gerade mit dem Körper, doch in der heutigen Übung wollen wir uns darauf konzentrieren, wie Körper und Psyche zusammenarbeiten. Achte im Laufe des Tages aufmerksam auf alles, was mit dem Greifen zusammenhängt. Was passiert, wenn du jetzt ganz langsam nach etwas greifst? Wie fühlt es sich an, deinen Arm nach etwas auszustrecken? Nimm es einfach wahr und beobachte, was mit dir geschieht. Achte auch darauf, ob sich deine Empfindungen verändern, je nachdem, wonach du greifst.

Nimm dir irgendwann im Laufe des Tages fünf Minuten Zeit, um deinen rechten Arm wirklich von innen zu spüren. Ist er angespannt? Was geschieht, wenn du die Spannung bewusst loslässt? Es kann auch hilfreich sein, wahrzunehmen, was dein innerer Kritiker über die Dinge zu sagen hat, die du mit deiner rechten Hand und deinem rechten Arm tun kannst und nicht tun kannst (aber glaube ihm bitte nicht). Wer hat das als Erster gesagt? Hatte er oder sie recht?

Sei in deinem Körper anwesend

Betrachtung für den heutigen Tag

Wenn wir unsere volle Aufmerksamkeit auf unsere Arme und Beine ausrichten, sind wir gezwungen, ganz gegenwärtig zu sein. Wie schon gesagt, reicht es, vollkommen im Hier und Jetzt zu sein, um das Ego zu umgehen. Vielleicht hilft es dir, dich zu erinnern, dass sich die psychischen Strukturen deines Egos in der frühen Kindheit als Reaktion auf deine damalige Umgebung gebildet haben. Das Ego hat seine Wurzeln in der Vergangenheit.

Wenn wir im gegenwärtigen Moment anwesend sind, haben wir eher die Möglichkeit, echt zu sein. Darauf beruht zum Teil auch die traditionelle Praxis der Meditation. Es gibt viele verschiedene Meditationstechniken, und sie alle versuchen, den Praktizierenden in den gegenwärtigen Augenblick zu bringen. Unsere wahre Natur lebt im Hier und Jetzt.

Wenn der Hindu sein Mantra rezitiert, der Moslem die Namen Gottes wiederholt, der Katholik den Rosenkranz betet, der Buddhist sich auf seine Nasenspitze konzentriert oder du einfach dasitzt und den eigenen Atem beobachtest, dann umgehen all diese Rituale den Verstand und ermöglichen es uns, einen essenzielleren Teil unserer Gesamtheit zu erfahren. Und letzten Endes erlebt der Praktizierende den Unterschied zwischen den Gedanken des Egos und seiner wahren spirituellen Natur. Jemand ist gegenwärtig, der die Gedanken beobachtet. Jemand ist gegenwärtig, der den Atemfluss beobachtet. Ein solcher Abstand von den eigenen Gedanken ermöglicht es uns, nicht länger mit ihnen identifiziert zu sein. Dann erleben wir, dass wir in Wirklichkeit nicht unsere Gedanken sind.

Die Übung:

Wenn du die letzten Übungen durchgeführt hast, kannst du dir wahrscheinlich denken, was heute dran ist. Richte deine Aufmerksamkeit so oft wie möglich auf dein rechtes Bein. Beobachte, was sich in deinem Erleben verändert, wenn du auf dein rechtes Bein achtest. Mithilfe dieser einfachen Praxis – indem du deine Aufmerksamkeit auf dein rechtes Bein und deinen rechten Fuß richtest – kannst du dein Bewusstsein in die Gegenwart bringen. Wie ist das für dich? Beobachte, wann dein Über-Ich dazukommt und dich abzulenken versucht. Wie ändert sich deine Wahrnehmung, wenn du dich ganz auf dein rechtes Bein konzentrierst? Was für Erinnerungen sind in den Zellen deines rechten Beines gespeichert? Wird dein Über-Ich nervös, wenn du diese Übung machst? Versucht es, dich abzulenken oder zur Eile anzutreiben? Wenn ja, bitte es, dich in Ruhe zu lassen, damit du die Übung bis zum Ende durchführen kannst.

Gehe in Kontakt mit deinem Oberkörper

Betrachtung für den heutigen Tag

Deine Zellen erinnern sich an jedes körperliche Trauma, das du erlebt hast. Und falls du einen Unfall erlebt, eine schwere Krankheit durchlitten oder körperlichen/sexuellen Missbrauch erfahren hast, trägt dein Körper dieses Trauma weiterhin in sich. Wenn du eine derartige traumatische Erfahrung gemacht hast, benötigst du vielleicht mehr Hilfe, als sie im Rahmen dieses Buches gegeben werden kann.

Falls es in deiner Geschichte schwierige physische Traumen gab, möchte ich dir raten, die hier vorgeschlagene Körperarbeit sehr sanft und achtsam durchzuführen. Manche Dinge hinterlassen derart tiefe Prägungen in der Seele, dass es nicht leicht ist, sie zu identifizieren und ins Bewusstsein zu bringen. Es kann sein, dass man Hilfe dabei braucht. Falls das für dich zutrifft, mache nur die Übungen, mit denen du dich wohl fühlst, und wenn du soweit bist, suche dir einen Therapeuten oder eine Lehrerin, die/der dich bei der Arbeit mit den tieferen Schichten deiner physischen Traumen unterstützt.

Die Übung:

Achte während des Tages immer wieder auf das Innere deines Oberkörpers. Wie fühlt er sich an? Prüfe die Bereiche in deinem Oberkörper, in denen du normalerweise angespannt bist, und entspanne sie. Nimm deinen Solarplexus (im dreieckigen Bereich unterhalb deines Brustbeins) wahr. Wie fühlt sich dieser Körperbereich an? Beobachte, ob sich das Gefühl im Solarplexus bei einer anderen Aktivität verändert.

Achte auf deinen Atem. Wann atmest du flacher? Wann hältst du den Atem an? Was passiert in deinem Inneren und um dich herum, wenn du deinen Atem anhältst? Nun atme einmal tief durch und entspanne deine Schultern. Beobachte, wie diese einfache Übung auf dich wirkt.

Richte deine Aufmerksamkeit auf deinen Unterleib. Was spürt du im Inneren? Atme ein paar Mal tief und bewusst in deinen Bauch. Kannst du die verschiedenen Organe und ihre Funktionen spüren? Wie viel doch in jedem Augenblick in unserem Körper passiert! Kehre im Laufe des Tages immer wieder zu dieser Übung zurück und trete in Kontakt mit deinem Körper.

Am Ende des Tages schreibe deine Beobachtungen in dein Tagebuch.

Wie sieht dein Körper *wirklich* aus?

Betrachtung für den heutigen Tag

Wir glauben zu wissen, wie unserer Körper aussieht. Unser innerer Kritiker erzählt uns normalerweise genau, wie unser Körper aussehen sollte, und beurteilt ihn ständig. Aber wissen wir wirklich, wie unser Körper aussieht? Wie viele Leberflecken hast du auf deinem Rücken? Wie sieht die Rückseite deines Knies genau aus?

Zahllose Zeitschriftenartikel bestätigen unseren inneren Kritiker. Sie liefern ihm sogar Munition, die wir nie im Leben gegen uns selbst gerichtet hätten. Wir sind sofort bereit, unseren Körper mit dem eines anderen zu vergleichen. Doch wie sieht dein Körper wirklich aus? Unser innerer Kritiker beurteilt automatisch die Körper anderer Menschen, ja, wir halten diese mentale Aktivität für so normal, dass wir uns ihrer kaum bewusst sind.

Wir sind zutiefst davon überzeugt, unser Körper zu sein. Wir identifizieren uns mit ihm, wissen aber oft gar nicht, wie er wirklich aussieht. Wenn dein Körper krank wird, sagst du, mit „dir" sei etwas nicht in Ordnung. Und falls dein innerer Kritiker von esoterischen Vorstellungen infiziert ist, fühlst du dich vielleicht sogar schuldig, krank zu sein – als hättest du etwas falsch gemacht. Der Alterungsprozess unseres Körpers ist uns peinlich, und wir glauben, dass wir sterben, wenn unser Körper stirbt.

Es ist interessant, wie wenig Zeit wir uns nehmen, unseren Körper wirklich kennen zu lernen, obwohl wir doch so tun, als seien wir der Körper. Wir betrachten ausführlich unser Gesicht. Vielleicht überprüfen wir auch unseren Bauch oder unseren Bizeps im Spiegel – aber wann hast du zum letzten Mal deine Kniekehlen betrachtet?

Die Übung:

Die heutige Übung dauert 25 Minuten. Plane den richtigen Zeitpunkt für sie ein.

Zeichne ein Bild deines Körpers. Du brauchst jetzt nicht Leonardo da Vinci zu werden – zeichne einfach die Proportionen, so gut du kannst.

Wenn du die Zeichnung fertig hast, ziehe dich aus und stelle dich vor den größten Spiegel in deinem Haus oder deiner Wohnung. Schaue dir vor diesem Spiegel 20 Minuten lang deinen Körper an – du kannst eine Uhr stellen. Falls du deinen Rücken auf diese Weise nicht sehen kannst, nimm einen Handspiegel zu Hilfe.

Sei wachsam für die Stimme des inneren Kritikers. Es geht hier nicht darum, dich selbst oder deinen Körper zu beurteilen! Schau deinen Körper einfach nur an und lass ihn so, wie er real aussieht, auf dich wirken. Inwiefern entspricht dein realer Körper deiner Zeichnung? Hast du deine körperlichen Proportionen korrekt gezeichnet?

Es kann sein, dass Gefühle, Meinungen oder vielleicht Bilder aus der Vergangenheit auftauchen. Verweile einfach mit allem, was auftaucht, und wenn die 20 Minuten um sind, schreibe deine Erfahrungen in dein Tagebuch.

Das Baderitual

Betrachtung für den heutigen Tag

Seit Jahrhunderten wird Wasser für Reinigungsrituale verwendet. Im Katholizismus erinnert das Weihwasser am Kircheneingang an das alte Ritual der Körperwaschung, bei der symbolisch die Seele gereinigt wurde, damit der Mensch dem Göttlichen in der Reinheit seiner wahren Natur begegnen konnte.

Auch heute noch besteht die Tradition, Hände und Füße zu waschen, bevor man eine Moschee betritt. Die Christen vollziehen ihre Taufe mit Wasser. In den altägyptischen Tempeln gab es Wasserbecken, wo die Priester und Priesterinnen in rituellen Waschungen die Welt ablegten, bevor sie sich in die (inneren und äußeren) Kammern des Göttlichen begaben. C. G. Jung betrachtet Wasser, das in Träumen auftritt, als Symbol des Unbewussten. Was verbindest du mit Wasser?

Die Römer ehrten das Bad – vielleicht hat sogar der Whirlpool seinen Ursprung in der römischen Tradition. Heute ziehen wir eine schnelle Dusche vor. Ich habe gehört, dass manche Menschen unter der Dusche singen. Doch ich vermute, dass die meisten Menschen ihr Tagesprogramm im Kopf haben, während das Wasser über ihren Körper fließt.

34

Die Übung:

Nimm dir Zeit für ein schönes, heißes Bad. Wenn du keine Badewanne hast, lade dich bei einer Freundin oder einem Freund dazu ein. Lege deine Lieblingsmusik auf. Gönne dir ein duftendes Badeöl oder eine Duftessenz. Falls du nichts anderes zur Hand hast, kannst du auch Zitronenscheiben ins Wasser legen. Wasche die Welt von dir ab.

Spüre die Grenzen deines Körpers, wo sie vom Wasser festgelegt werden. Wird das, was du bist, von deiner Haut begrenzt? Nimm dir Zeit, zu atmen. Nimm dir Zeit, dich zu entspannen und in deinem Körper gegenwärtig zu sein. Was taucht auf, wenn du loslässt und dir die Zeit gibst, einfach nur da zu sein? Denk daran, dich gegen das Über-Ich zur Wehr zu setzen, wenn es dich für diese Übung verurteilt.

Viel Vergnügen!

Deine Familie bestimmt dein Körperimage

Betrachtung für den heutigen Tag

In den letzten Betrachtungen haben wir uns auf deine spezifische Körpererfahrung konzentriert. Als Nächstes geht es darum, deine Beziehung zu deinem Köper mit Bewusstsein zu erfüllen, indem du deine Einstellungen und (vielleicht unbewussten) Glaubenssätze in Bezug auf den Körper untersuchst.

Wir haben schon mehrfach festgestellt, dass die Art und Weise, wie wir uns selbst und das Leben betrachten, von der Atmosphäre unserer frühen Umgebung und der Haltung unserer Versorger geprägt wurde. Das gilt auch für unsere Einstellung zu unserem Körper. Die Einstellung unserer Eltern zu ihrem Körper prägt auch unsere Sicht des Körperlichen im Allgemeinen und des eigenen Körpers im Besonderen.

Wenn in deiner Ursprungsfamilie eine offene und ungezwungene Haltung dem Körper und den Körperfunktionen gegenüber gang und gäbe war, beeinflusst das auch deine jetzige Einstellung gegenüber deinem Körper und seinen Funktionen. Wurde der Körper in deiner Familie hauptsächlich mit Krankheiten oder der Angst vor Krankheiten in Verbindung gebracht, dann kann das zu einer Prägung geführt haben, die dich heute noch beeinflusst. Wurden Krankheiten in deiner Familie dagegen gar nicht anerkannt oder es herrschte der Zwang, still zu leiden, dann wird sich das ebenfalls darauf auswirken, wie du deinen Körper behandelst.

Hat deine Mutter immer überreagiert, wenn du dich als Kind verletzt hast? Dann kann es sein, dass du dich insgeheim schuldig fühlst (deiner Mutter Kummer zu bereiten), wenn du dich heute verletzt. Wenn du bei Verletzungen nicht weinen durftest oder dazu angehalten wurdest, dich zu schämen, kann auch das deine heutige Beziehung zu deinem Körper beeinflussen.

Denk daran, dass alle Einstellungen der Menschen, die in deiner Kindheit um dich waren, dein Über-Ich und seine Urteile von richtig oder falsch in Bezug auf den Körper geprägt haben.

Die Übung:

Was für eine Beziehung hatten die Menschen deiner Ursprungsfamilie zu ihrem Körper? Wie haben sie auf Krankheiten reagiert? Wie wurde in deiner Familie reagiert, wenn du hingefallen warst und dich verletzt hattest? Führe dir genau vor Augen, wie deine Eltern mit ihrem Körper umgegangen sind – das war dein frühestes Modell dafür, wie man mit seinem Körper umgeht. Wie wurden die Verdauungsfunktionen in deiner Familie bezeichnet? Was für eine Einstellung herrschte in Bezug auf die Ausscheidungsprozesse?

Richte heute einen Teil deiner Aufmerksamkeit immer wieder darauf, deine Einstellung zu deinem Körper zu hinterfragen. Besteht eine Verbindung zwischen deiner Einstellung und der Art und Weise, wie deine Eltern im Allgemeinen mit der Körperlichkeit umgegangen sind? Auch hier kann es hilfreich sein, deine Beobachtungen am Ende des Tages in dein Tagebuch zu schreiben.

Die Sünden des Fleisches

Betrachtung für den heutigen Tag

Einige von uns kommen aus Familien, deren religiöse oder kulturelle Einstellung dem Körper gegenüber noch heute ihr Verhältnis zum eigenen Körper beeinflusst. Manche Eltern haben vielleicht den religiösen Standpunkt vertreten, das Fleisch sei die Ursache aller Versuchung. Oder wir besitzen ein spirituelles Über-Ich, das unsere Einstellung zum Körper beeinflusst.

Vielleicht wurde der Körper als Feind betrachtet, der uns ohne die rechte Kontrolle in die Sünde führen und von Gott entfernen würde. Diese Einstellungen und/oder die Atmosphäre, die durch sie geschaffen wurde, können unsere Beziehung zu unserem eigenen Körper beeinflussen. Ein strenggläubiger Mormone zum Beispiel ist niemals nackt, unter keinen Umständen. Das lässt auf eine bestimmte Einstellung zum Körper schließen.

Es gibt auch intellektuelle Familien, die den Körper als notwendiges Übel betrachten, das man braucht, um die Freuden des Verstandes zu genießen. Es gibt Familien, deren Sauberkeitsverhalten vermittelt, dass der Körper und seine Funktionen als schmutzig erachtet werden. Die familiäre Einstellung dem Körper gegenüber, die herrschte, als wir in der frühen Kindheit den eigenen Körper entdeckten, hat unser Verhältnis zu unserer physischen Form mit geprägt. Wie hat deine Familie auf deine frühen Masturbationsexperimente reagiert?

Wir haben gesehen, dass unsere Einstellungen weit gehend unbewusst bleiben, weil sie Teil unserer frühen Konditionierung sind. Sie zeigen sich in den Bemerkungen des inneren Kritikers über das Verhalten anderer und darin, was wir selbst uns erlauben oder verbieten. Unsere frühen Konditionierungen führen oft zu der unbewussten Vorstellung, dass es nur *eine* richtige Möglichkeit gibt, die Dinge zu tun: wie in unserer Familie. Auf diese Weise verschließen wir uns der Möglichkeit, eigene Erfahrungen zu sammeln, und verhindern damit, dass sich unsere Seelen so entfalten, wie sie es von Natur aus wollen.

Die Übung:

Solange du unbewusste, repressive, strafende oder abwertende Einstellungen gegenüber deinem Körper in dir trägst, ist es schwierig für dich, das Geschenk deiner Körperlichkeit voll auszukosten. Verborgene Scham oder Schuld in Bezug auf deinen Körper könnte dich daran hindern, dich frei und spontan zu fühlen oder dich freudig nach außen zu zeigen. Im Gegenzug ist es auch möglich, dass eine betont offene Nacktheit oder eine lässige Einstellung gegenüber der Sexualität dein natürliches Schamgefühl und das Bedürfnis nach einer Privatsphäre, das wir als Kinder besitzen, übergangen hat. Eine solche extreme Offenheit kann verwirrend wirken und es schwerer machen, das Gefühl für ein getrenntes Selbst zu entwickeln.

Die heutige Übung besteht darin, die Einstellung deiner frühen Umgebung zum Körper und zur Körperlichkeit zu erkunden. Gab es eine religiöse Haltung oder religiös geprägte Vorstellungen zum Körper, die dir als Kind beigebracht wurden? Schau dir an, welche Einstellung deine Eltern zum Nacktsein hatten, und nimm wahr, ob diese Einstellung deine eigene Haltung gegenüber dem Nacktsein oder deinem Körper beeinflusst hat.

So siehst du aus

Betrachtung für den heutigen Tag

Als wir sehr klein waren, haben wir gelernt, uns mit unserem Körper zu identifizieren. Wir haben gelernt, dass wir eine Nase, Augen und so weiter besitzen. Wir haben gelernt, dass wir hübsch oder unscheinbar aussahen und dass wir das Kinn von Onkel Peter (gut) oder die Nase von Großmutter Johanna (schlecht) hatten. Als wir aufwuchsen, reagierten unsere Eltern und die Welt auf unseren Körper, als wären wir dieser Körper.

Wir alle tragen unbewusste Selbstbilder in uns, die darauf basieren, wie die Mitglieder unserer Familie mit uns umgegangen sind. Dein Selbstbild kann dich als hübsch oder niedlich ausweisen. Deine Familie kann dich gut aussehend oder hässlich gefunden haben. Du warst vielleicht die Süße in deiner Familie, und dein älterer Bruder war der Kluge, der Sportliche oder der Musikalische. Wir alle kennen ältere Frauen, die sich noch immer bemühen, niedlich zu sein.

Wenn du deinem Selbstbild zufolge die oder der Niedliche bist, kann es für dieses unbewusste Selbstbild bedrohlich sein, wenn du dich als stark oder klug erweist. Diese unbewussten Selbstbilder aus der Kindheit schränken die Art und Weise ein, wie wir unserer Seele erlauben, sich in der Gegenwart zu manifestieren.

37

Die Übung:

Womit identifizierst du dich, wenn es um deinen Körper geht? Finde Sätze in Bezug auf deinen Körper, die mit den Worten: „Ich bin ..." beginnen, also zum Beispiel: „Ich bin fett, mager, unsportlich" usw. Jedes Mal, wenn du einen Ausdruck zementierst und zu dem machst, was du bist, bringst du eine statische Qualität in deine eigene Lebendigkeit.

Nimm dir im Laufe des Tages immer wieder die Zeit, den Satz: „Mein Körper ist ...", in Gedanken zu beenden. Je öfter du dich fragst, wie oder was dein Körper für dich ist, desto tiefer wirst du in dein unbewusstes Material eintauchen.

Schreibe deine Entdeckungen am Ende des Tages in dein Tagebuch.

Urteile nicht über deinen Körper

Betrachtung für den heutigen Tag

Unser innerer Kritiker hat eine Menge über unsere Körper zu sagen. Wir beurteilen unsere Größe, unsere Figur, unser Haar (oder dass wir keins haben), unsere Nase, die Größe unserer Brüste oder Genitalien (geschlechtsspezifisch!). Es ist nicht leicht, eine fürsorgliche, entspannte Beziehung zu unserem Körper zu haben, wenn wir ihn ständig kritisieren.

Wir versuchen, unseren Körper mit Diäten und Übungen zu verändern. Wir vergleichen ihn ständig mit anderen Körpern. Weißt du noch, wie es war, von deinen Eltern mit dem lieben Kind von nebenan verglichen zu werden? Dein Körper muss ständig mit den Glanzbildern der Zeitschriften und der Filmindustrie mithalten – und dazu kommt noch der perfekte Körper, der nebenan lebt und arbeitet. Das ist keine nette Art, einen unserer besten Freunde zu behandeln.

Die meisten Eltern hielten sich für ihren Körper, und es war für sie natürlich, mit uns umzugehen, als seien wir unser Körper. Wir begannen zu glauben, alles wäre in Ordnung, wenn unsere Familie nur mit unserem Aussehen einverstanden wäre. War sie das nicht, glaubten wir vielleicht, es stimmte etwas nicht mit uns.

Weil wir mit unserem Körper identifiziert sind, entsteht leicht die Vorstellung, wir wären irgendwie bessere Menschen oder würden mehr geliebt oder akzeptiert, wenn unser Körper einem Bild der Perfektion entspräche. Eine gesunde Ernährung und vernünftige Übungen sind sinnvoll. Steht dahinter jedoch die Motivation, besser auszusehen als andere oder mehr Wertschätzung zu erhalten, sind wir auf dem Holzweg. Dein Körper ist ein wertvolles Geschenk, das in deine Obhut gegeben wurde. Seine äußere Erscheinung ist kein Maßstab für deinen Wert als menschliches Wesen.

Die Übung:

Zähle in Gedanken all die negativen Urteile auf, die du über deinen Körper fällst. Wenn dir nichts einfällt, nimm dir etwas Zeit, dich nackt vor einen Spiegel zu stellen. Dann spüre in jeden Körperteil, den du negativ beurteilst, und höre zu, was er dir zu sagen hat. Was will dir dieser Körperteil sagen? Was sollst du über ihn wissen?

Dann denke an all die positiven Urteile, die du über deinen Körper hast. Schreibe sie auf. Sprich zu jeder Eigenschaft deines Körpers, die du magst, und danke ihr, dass sie genau so ist, wie du sie haben möchtest.

Haltet die Welt an, ich will aussteigen!

Betrachtung für den heutigen Tag

Wenn dich die heutige Betrachtung nicht anspricht, mach dir nichts daraus. Sie betrifft eine Minderheit: all die Menschen, die das Gefühl haben, nicht in einen Körper auf diesem Planeten zu gehören. Diese Erfahrung hat zwei Varianten, und wir werden beide erkunden.

Manche Menschen haben das Gefühl, rein zufällig hier auf der Erde gelandet zu sein. Es kommt ihnen vor, als befänden sie sich auf einem fremden Planeten mit Wesen, die sie nicht verstehen. Das ist, als wäre ihr Raumschiff auf dem Weg zu einem anderen Stern gewesen und hätte stattdessen eine Bruchlandung auf der Erde gemacht. Ihre innere Erfahrung sagt ihnen, dass die Erde nicht ihr Zuhause ist.

Oft erinnern sie sich auch vage an einen Ort, an dem das Leben ganz anders war. Das kann einfach eine Interpretation des Verstandes für die Tatsache sein, dass die Verbindung mit der eigenen wahren Natur verloren wurde. Es kann aber auch sein, dass sich eine bestimmte Seele noch nicht so oft auf der Erde inkarniert hat. Da die Seele unsterblich ist, hat sie schon viele verschiedene Erfahrungen gemacht.

Manche Menschen haben auch das Gefühl, ihr Körper sei zu klein für das, als was sie sich erleben. Es kommt ihnen vor, als wären sie in ihrem Körper eingesperrt, und sie lehnen die Begrenzungen ab, die das Körperliche mit sich bringt. Es ist wahr, dass das, was wir wirklich sind, größer ist als der Körper. Doch ebenso wahr ist es, dass uns ein verkörpertes Leben geschenkt wurde. Um die Früchte dieses Geschenkes ernten zu können, müssen wir uns voll in unserem Körper inkarnieren.

Wenn eine der oben genannten inneren Erfahrungen deinem Lebensgefühl entspricht, fällt es dir wahrscheinlich schwer, eine liebevolle Beziehung zu deinem Körper aufzubauen, und deine Seele wird Schwierigkeiten haben, sich ganz als menschliches Wesen zu inkarnieren. Indem wir uns vollkommen inkarnieren, können wir den Himmel auf die Erde bringen. Wir können unserer göttlichen Natur erlauben, sich in uns und durch uns zu manifestieren. Doch das kann nur geschehen, wenn wir voll und ganz hier sind.

Die Übung:

Erforsche deine Einstellung gegenüber der Tatsache, dass du einen Körper hast. Fühlst du dich wohl in deinem Körper? Du kannst deine Erforschung damit beginnen, dass du den folgenden Satz zu Ende führst: „Einen Körper zu haben, ist ..." Beantworte diese Frage mindestens 50 Mal im Laufe des Tages und achte darauf, ob dich einige deiner Antworten überraschen. Schreibe die Antworten in dein Tagebuch.

Lass dich von deinem Körper führen

Betrachtung für den heutigen Tag

Wir sind so sehr damit beschäftigt, unserem Körper zu sagen, wie er auszusehen oder sich zu benehmen hat – und zu beurteilen (wachsamer innerer Kritiker!), was richtig oder falsch an ihm ist –, dass wir nur selten wirklich auf ihn hören. Der Körper ist wirklich sehr weise. Er weiß normalerweise viel besser als wir, was gut für ihn ist und was nicht.

Wer für seine innere Wahrnehmung sensibel ist, kann mit seinem Körper sprechen und dessen Antwort hören. Wir können unseren Körper fragen, welche Art von Nahrung und Bewegung er braucht. Er kann uns selbst sagen, wann er Ruhe oder einen Schluck Wasser braucht. Unser Körper kennt seine Bedürfnisse besser als jeder Ratschlag in einem Gesundheitsmagazin. Natürlich ist es nicht so leicht, die Stimme des Körpers zu hören, wenn der Verstand voller Geplapper ist. Das ist ein weiterer Grund, warum es so nützlich ist, die Stimme des Über-Ichs zu erkennen: um sie von den Botschaften unseres Körpers und unserer inneren Führung zu unterscheiden.

Die Übung:

Verbringe heute etwas Zeit mit deinem Körper. Setze dich bequem und entspannt hin. Stelle sicher, dass das Telefon abgestellt ist und du nicht gestört wirst. Richte deine Aufmerksamkeit auf deinen Bauch. Atme so, dass sich dein Bauch mit deinem Atem hebt und senkt. Sage beim Einatmen leise das Wort „hier" und beim Ausatmen „jetzt".

Sitze 10 Minuten lang auf diese Weise und achte dabei auf deinen Atem. Wenn du magst, stelle einen Timer. Wenn die Zeit um ist, frage deinen Körper, was er heute braucht. Höre auf die Antwort. Gehe sanft mit dir um. Versuche, offen zu sein und nicht davon auszugehen, dass dein Verstand die Antwort auf deine Frage schon weiß. Höre auf deinen Körper. Wenn du keine innere Antwort hörst, versuche es einfach an einem anderen Tag wieder. Wenn du eine Antwort auf deine Frage hörst (oder eine Antwort spürst), schau, ob du die Antwort würdigen kannst, indem du sie befolgst.

Falls es nicht möglich ist, zu tun, was dein Körper heute möchte, finde einen anderen Zeitpunkt, an dem du deinem Körper geben kannst, worum er bittet. Die Herausforderung besteht, wie schon gesagt, zum Teil darin, deinen Verstand abzustellen und nur auf den Körper zu hören.

Mehr Raum für deinen Körper

Betrachtung für den heutigen Tag

Wir alle sind in unserer Kindheit konditioniert worden. Selbst unsere Körperbewegungen wurden konditioniert. Die Bewegungen, die wir machen, gehen nicht über unsere Komfortzone hinaus. Solange wir unsere Bewegungen soweit einschränken, dass unser innerer Kritiker sie für akzeptabel hält, fühlen wir uns in unserer Identität geborgen.

Bewegen wir uns hingegen auf eine Art und Weise, die nicht unserem Selbstbild entspricht, beginnen wir uns unwohl zu fühlen. Wenn wir uns über die Kiste hinausstrecken, in der wir normalerweise leben, können wir es mit der Angst bekommen. Es geht nicht darum, die Kiste falsch zu finden – doch es ist hilfreich, zu merken, dass wir unseren körperlichen Ausdruck einschränken. Es ist einfach nur unsere Aufgabe, uns der Wahrheit bewusst zu werden.

Wenn du dir die Freiheit gibst, dich auf eine Weise oder in einem Rhythmus zu bewegen, wie du es normalerweise nicht tust, wirst du bald merken, wo du dir Grenzen gesetzt hast. Wenn du siehst, wo du dich selbst bremst, ist es interessant, die Grenze, die du dir gesetzt hast, genauer zu erforschen. Vielleicht passt die Kiste ja nicht mehr.

Die Übung:

Nimm dir heute etwas Zeit für dich alleine, an einem Ort, wo du Zugang zu Musik hast. Spiele ein Musikstück, zu dem du normalerweise nicht tanzen oder dich bewegen würdest. Vielleicht stellt ein schneller Rhythmus eine Herausforderung für dich dar. Du könntest Angst haben, die Kontrolle zu verlieren, wenn du dich wirklich an die Musik hingibst. Vielleicht würde aber auch ein sehr sinnliches Stück die Grenzen dessen sprengen, was du dir erlaubst. Wenn du immer auf dem Sprung bist, liegt deine Herausforderung vielleicht darin, tief in ein langsames Musikstück einzutauchen.

Finde die passende Herausforderung für dein eigenes Muster und lass dich darauf ein. Natürlich musst du dabei alle realen körperlichen Begrenzungen respektieren. Achte auf dich selbst und erforsche die Grenzen, die du dem Bewegungsradius deines Körper auferlegt hast. Mache diese Übung allein. Dein einziger Zuschauer wird dein innerer Kritiker sein.

Teil 4
Der innere Kritiker und deine Gefühle

Was hältst du von Gefühlen?

Betrachtung des heutigen Tages

Wir werden jetzt den gesamten Radius menschlicher Gefühle erforschen. Bevor wir allerdings damit beginnen, müssen wir zunächst etwas über die Einstellung verstehen, die wir Gefühlen gegenüber hegen.

Jeder Mensch hat drei Haupt-Energiezentren. Das Kopfzentrum hat mit unseren intellektuellen und mentalen Fähigkeiten zu tun. Das Herzzentrum ist der Sitz der Gefühle. Das Bauchzentrum ist der Ort des Spürens, was es bedeutet, in einem physischen Körper zu sein. Einige von uns identifizieren sich stärker mit einem Zentrum als mit den beiden anderen. Einfach ausgedrückt, fühlt sich der Sportler vielleicht mehr in seinem Bauch, der Künstler mehr in seinem Herzen und der Intellektuelle mehr in seinem Kopf zu Hause.

Um unser volles menschliches Potenzial zu leben, müssen wir Zugang zu allen drei Zentren haben. Wir haben schon etwas Zeit damit zugebracht, uns auf unser Bauchzentrum zu konzentrieren, als wir unsere Beziehung zum eigenen Körper untersucht haben. Für den Rest des Buches werden wir unser Verständnis der Gefühle vertiefen und erforschen, wie das Über-Ich uns beim Erleben und Ausdrücken dieser Gefühle einschränkt.

42

Die Übung:

Mit welchem der drei Zentren identifizierst du dich? Wo ist dein Ort der Zugehörigkeit: im Kopf, im Herzen oder im Bauch? Erfährst du dich mehr als Denk-, Gefühls- oder Körpertyp? In welchem Zentrum fühlst du dich am wohlsten?

Öffne eine neue Seite in deinem Tagebuch und schreibe auf die erste Linie: „Meine Gefühle sind..." Dann vervollkommne den Satz mindestens auf zwanzig verschiedene Arten.

Übrigens: Dass wir unsere Erfahrungen hauptsächlich an einem bestimmten Ort im Körper ansiedeln, steht in Bezug zu unserem Persönlichkeitstyp im Enneagramm. Weitere Informationen über die Auswirkungen deines Persönlichkeitstyps auf deine spirituelle Entwicklung findest du in dem Buch *Neun Porträts der Seele* von Sandra Maitri, J.Kamphausen Verlag, Bielefeld.

Erforsche deinen Zorn

Betrachtung für den heutigen Tag

Um die Rolle des Über-Ichs in Bezug auf unsere Gefühle zu erforschen, beginnen wir mit dem Zorn. Wir werden den Zorn oder Ärger als Erstes betrachten, weil er ein sekundäres Gefühl ist. Das heißt, dass unser Ärger oft – aber nicht immer – andere Gefühle überlagert. (Dir ist inzwischen wahrscheinlich klar geworden, dass die Worte „aber nicht immer" häufig auftauchen, wenn es um spirituelle Dinge geht.) Weil unser Zorn oft das Eingangstor zu anderen Gefühlen darstellt, werden wir ihn zuerst untersuchen, bevor wir uns den anderen Emotionen zuwenden.

An diesem Punkt möchte ich erwähnen, dass der Ansatz dieses Buches typisch westlich ist. Sein Ansatz betont eher die Transformation und weniger die Transzendenz, während der traditionelle östliche Ansatz spiritueller Entwicklung eher ein transzendenter ist. Ziel des östlichen Ansatzes ist es, die Strukturen der Ego-Persönlichkeit zu überwinden, indem man sich auf das Sein oder die Leere konzentriert. Die Methoden der verschiedenen östlichen Wege mögen zwar verschieden aussehen, doch sie teilen die grundsätzliche Auffassung, dass man die Strukturen des Egos überspringen kann, indem man dem „kleinen Selbst" seine Aufmerksamkeit entzieht und sie stattdessen auf das „wahre Selbst" richtet.

Die westlichen Wege spiritueller Entwicklung betonen dagegen die Transformation. Wir westlichen Menschen neigen eher dazu, die Strukturen des Egos mit Bewusstsein zu erfüllen, damit sich alles, was unwahr an uns ist, im Lichte dieses Bewusstseins auflöst. Wenn wir uns der Dinge, die nicht Teil unseres wahren Wesens sind, gewahr werden, lösen sich die falschen Strukturen meist von selbst auf. Wenn die Strukturen unserer konditionierten Persönlichkeit sich aufzulösen beginnen, erhält unser wahres Wesen oder unser Sein den Raum, sich zu zeigen. Dann kann das, was wahr an uns ist, in den Vordergrund treten.

Die Übung:

In den folgenden Betrachtungen wird es darum gehen, deinen Zorn oder Ärger gründlich anzuschauen. Die heutige Übung besteht einfach darin, dir bewusst zu werden, wie du Ärger, Wut und Zorn erlebst. Wie fühlt sich der Ärger in deinem Körper an?

Achte darauf, ob du dich heute ärgerst. Nimm die Umstände wahr. Haben die Umstände, die deinen Ärger fördern, irgendetwas gemeinsam? Kannst du ein dahinter liegendes Muster entdecken? Unter welchen Umständen wirst du normalerweise ärgerlich? Übe es, deine Reaktion auf den Ärger lange genug zurückzuhalten, um die dahinter liegende Emotion zu erforschen. Das ist keine leichte Aufgabe. Sie braucht eine Menge Übung – gehe also freundlich mit dir um. Und wenn du schon dabei bist, sei auch freundlich zu anderen.

Richte einen Teil deiner Aufmerksamkeit den ganzen Tag auf alles, was mit Ärger und Wut zu tun hat. Du brauchst nichts zu tun. Nimm einfach nur wahr, wenn Ärger in dir auftaucht. Wenn du am Ende des Tages deine Beobachtungen in dein Tagebuch schreiben möchtest, wäre das hilfreich.

Ich werde nie wütend

Betrachtung für den heutigen Tag

Wir alle haben Urteile über Wut und Zorn. Einige halten sie für gesund und natürlich, andere für gefährlich und/oder verboten. Manche von uns akzeptieren die Wut einfach als bedauerlichen Teil des Menschseins. Unsere Einstellung zu Ärger und Zorn – in uns und in anderen – ist an unsere Vergangenheit gekoppelt. Wir werden unsere frühe Konditionierung in Bezug auf Wut und Ärger noch genauer betrachten. Doch zuerst sehen wir uns die erste Schicht an, nämlich das, was wir im Allgemeinen von Zorn und Ärger halten.

Manche Menschen halten es für ein Zeichen von Unreife, ärgerlich zu werden. Andere glauben, dass sie im Zorn das elfte Gebot missachten: „Du sollst nicht wütend werden." Einige von uns fürchten, dass wütend zu werden bedeutet, die Kontrolle zu verlieren. Deshalb muss die Wut auf jeden Fall vermieden werden.

Wenn du deinen Ärger ein Leben lang unterdrückt hast, mindert das deine Lebendigkeit. Musstest du deinen Zorn ersticken? Dann sitzt du wahrscheinlich auf einer Menge Energie. Du benötigst Energie, um einen Teil deines natürlichen Ausdrucks zurückzuhalten. Ja, der unterdrückte Ärger kann sich sogar gegen dich richten und als Krankheit manifestieren.

Oder gehörst du zu denen, die bei der geringsten Gelegenheit ärgerlich werden? Dann benutzt du deine Wut wahrscheinlich, um irgendein anderes Gefühl zu vermeiden. Manche Menschen sind sehr stolz darauf, ihre Wut frei auszudrücken, und merken nicht, dass sie mit ihrem ständigen Ärger eine andere Emotion vermeiden.

44

Die Übung:

Betrachte heute deine Einstellung zum Ärger. Erlaubst du dir, ärgerlich oder zornig zu werden oder nicht? Gibt es eine richtige Art, wütend zu werden? Wie siehst du deinen eigenen Ärger? Was sagt dein innerer Kritiker über deine Wut?

Wie urteilst du über den Ärger von anderen? Wie reagierst du, wenn ein Mensch in deinem Umfeld ärgerlich wird? Wie reagierst du, wenn sich jemand über dich ärgert? Ändert sich deine Reaktion, je nachdem, wer wütend auf dich ist, oder geht es einfach nur darum, dass sich jemand über dich ärgert?

Nachdem du die obigen Fragen in deiner eigenen Zeit beantwortet hast, achte heute darauf, was tatsächlich passiert, wenn du oder jemand in deiner Umgebung ärgerlich oder zornig wird.

Nimm dir am Ende des Tages dein Tagebuch vor und beende den folgenden Satz mindestens zwanzig Mal: „Ärger ist …“

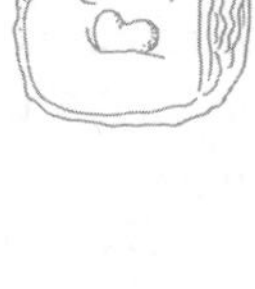

In meiner Familie wird man nicht wütend!

Betrachtung für den heutigen Tag

Unsere Persönlichkeitsstrukturen sind als Reaktionen auf unsere frühe Umgebung entstanden. Alles, was von deiner Geburt bis zu einem Alter von etwa sechs Jahren geschah, wurde zu einem bestimmenden Faktor bei der Entwicklung deiner Persönlichkeitsstrukturen. Deine Beziehung zu deinem Ärger wird von der Art und Weise beeinflusst, wie in deinem frühen Umfeld mit Ärger umgegangen wurde. Alle Botschaften, die wir in Bezug auf unsere Wut erhielten, wurden zu Bausteinen für unser Über-Ich.

Es ist wahr, dass wir bei unserer Geburt auch die Anlagen für bestimmte Muster mitbringen. Unsere Erfahrungen aus anderen Leben hinterlassen eine Prägung auf der Seele, welche die Art und Weise beeinflusst, wie wir auf unsere Umgebung reagieren. Doch das ist ein anderes Thema, das den Rahmen dieses Buches sprengt. Wir werden uns darauf beschränken, die frühen Konditionierungen aus diesem Leben zu betrachten.

In manchen Familien werden Ärger und Zorn nie direkt ausgedrückt. Andere Familien scheinen von der Energie des Zorns zu leben. In manchen Familien werden Ärger und Wut offen und lautstark ausgedrückt – und schon ist der Sturm vorbei und die Sonne scheint wieder. Und dann gibt es Familien, in denen niemand je seine Stimme erhebt – doch Wolken von Ärger und Feindschaft sorgen für ständige Anspannung, so dass nie die Sonne hervorbrechen kann.

In einigen Familien wird eine bestimmte Person zum Träger von Wut und Ärger. Vielleicht durfte der Vater wütend werden, die Mutter aber nicht. Vielleicht war es auch umgekehrt. Manche Eltern fühlen sich schuldig, wenn sie ärgerlich werden, andere fühlen sich dazu berechtigt. Wie auch immer – die Art und Weise, wie unsere Eltern in unserer Kindheit mit Zorn und Ärger umgegangen sind, hat unsere eigene Beziehung zu diesen Gefühlen geprägt. Sie bestimmt auch, ob und wie wir uns selbst und andere verurteilen, wenn Wut auftaucht.

Die Übung:

Wie ist man in deiner frühen Umgebung mit Ärger umgegangen? Wir neigen dazu, die Art und Weise, wie in unserer Ursprungsfamilie mit Ärger umgegangen wurde, entweder nachzuahmen oder uns dagegen aufzulehnen.

Wenn dein Vater gewalttätig war und die Familie im Zorn missbraucht hat, hast du dir vielleicht geschworen, nie so zu werden wie er. Also unterdrückst du heute deinen eigenen Zorn. Wurde in deiner frühen Umgebung der Zorn unterdrückt, dann hast du vielleicht unter der Spannung des unterdrückten Zornes gelitten und dir vorgenommen, als Erwachsene/r deinem Ärger Ausdruck zu verleihen. Jeder von uns hat eine ganz eigene Geschichte, die seine derzeitige Einstellung zum Ärger beeinflusst.

Was hast du auf diesem Gebiet für eine Geschichte? Erforsch im Laufe des Tages, wie in deiner Familie mit Ärger und Zorn umgegangen wurde. Versuche herauszufinden, wie sich das auf deine Beziehung zu deinem eigenen Ärger auswirkt. Und welchen Einfluss hat deine frühe Geschichte auf deine Urteile in Bezug auf Ärger und Wut? Schreibe deine Beobachtungen in dein Tagebuch.

Ärger, Zorn und der innere Kritiker

Betrachtung für den heutigen Tag

Es gibt viele Möglichkeiten, Ärger und Zorn auszudrücken. Mit all den verschiedenen Arten, Ärger auszudrücken, könntest du wahrscheinlich eine lange Liste füllen. Manche Menschen sind stolz darauf, nie wütend zu werden, und drücken ihre Wut doch ständig aus. Wut und Zorn können in Form von Reizbarkeit, Schärfe und Sarkasmus ausgedrückt werden. Wenn du dich über deinen Mann ärgerst, vergisst du vielleicht „aus Versehen", seine Hemden aus der Reinigung zu holen. Wenn du wütend auf deinen Chef bist, reichst du einen wichtigen Bericht mit Verspätung ein – es gibt natürlich immer einen vernünftigen Grund. Und dann ist da noch der innere Kritiker.

Unser innerer Kritiker hat zu allem eine Meinung – also auch zu Zorn und Ärger. Da es, wie schon gesehen, die Aufgabe des inneren Kritikers ist, unser Ego aufrechtzuerhalten, und da das Ego auf der Vergangenheit beruht, basiert die Stimme des inneren Kritikers ebenfalls auf der Vergangenheit. Alles, was der innere Kritiker über Wut und Zorn zu sagen hat, entstammt deshalb unserer Kindheitsgeschichte.

Wir wissen schon, dass es nicht immer möglich ist, den inneren Kritiker als klare Stimme im Kopf zu hören. Manchmal zeigt er sich als eine bestimmte Einstellung oder als ein Filter, durch den wir die Realität erfahren. Und er hat immer „Recht". Solange wir die Einstellungen und Meinungen des inneren Kritikers nicht untersuchen, halten wir sie automatisch für die korrekte Sicht der Realität. Doch das sind sie nicht.

Die Übung:

Bei der heutigen Übung geht es darum, die Aussagen deines inneren Kritikers in Bezug auf Wut und Ärger herauszufiltern. Was hält dein Über-Ich von Ärger? Wie reagiert dein innerer Kritiker, wenn du wütend wirst? Denke daran: Das Über-Ich sagt uns nicht nur, was wir falsch gemacht haben, es sagt uns auch, was wir gut gemacht haben. Sagt dir dein innerer Kritiker, dass es falsch war, ärgerlich zu werden? Oder stimmt er dir zu?

Sieh, ob du die Urteile deines inneren Kritikers, was Ärger und Wut anbetrifft, auf das zurückführen kannst, was dir in deiner Kindheit über diese Gefühle vermittelt wurde. Wie haben deine Eltern auf deine Wut reagiert, als du klein warst? War dein Ärger erlaubt oder wurde er erstickt?

Gibt es eine Verbindung zwischen der Art und Weise, wie deine Eltern auf deinen Zorn reagiert haben, und deiner eigenen gegenwärtigen Reaktion auf deinen Zorn, wenn er in Dir auftaucht?

Schreibe deine Beobachtungen in dein Tagebuch.

Ärger als sekundäre Emotion

Betrachtung für den heutigen Tag

Wir haben schon darüber gesprochen, dass Ärger eine sekundäre Emotion ist. Das heißt, dass er oft schon auftaucht, bevor wir uns bewusst werden, dass ein anderes Gefühl dahinter liegt. Wie gesagt, besteht unsere Aufgabe bei der spirituellen Entwicklung darin, uns unsere psychischen Strukturen bewusst zu machen, damit sich alles, was nicht Teil unseres wahren Wesens ist, nach und nach auflösen kann.

Ärger oder Zorn überlagern häufig unsere Angst. Weißt du noch, wie es war, wenn du einmal zu spät nach Hause gekommen bist und deine Mutter böse war? Wahrscheinlich hatte sie sich Sorgen gemacht, das heißt, sie hatte Angst, dass dir etwas Schlimmes passiert war. Doch anstatt dir zu sagen, dass sie um deine Sicherheit besorgt war, schrie sie dich vielleicht an. Wenn wir beim Autofahren um Haaresbreite an einem Unfall vorbeischlittern, kann es sein, dass wir auf den anderen Fahrer wütend werden, anstatt die Angst zu spüren, die ein solcher Schreckmoment in uns auslöst.

Ärger und Zorn können auch Trauer oder Leid überlagern. Sie schieben sich vor unsere Traurigkeit, bevor wir uns ihrer bewusst werden. Wenn die Traurigkeit gerade in uns aufsteigt, können wir uns reizbar oder zornig fühlen. Einige Menschen können viel leichter Ärger empfinden, als traurig zu sein. Wenn wir traurig sind, fühlen wir uns vielleicht zu verletzlich, und das bedroht unsere Sicherheitszone – also werden wir lieber ärgerlich.

Hinter dem Ärger kann sich auch unsere Hilflosigkeit verstecken. Wer kennt das nicht: Der Chef schreit seinen Angestellten an, der Angestellte kommt nach Hause und schreit seine Frau an, die Frau schreit ihrerseits das Kind an und das

47

Kind tritt den Hund ... Das ist die alte Geschichte vom Zorn, der unsere Hilflosigkeit überdeckt. Was würden wir nicht alles tun, um uns nicht hilflos zu fühlen!

Die Übung:

Die heutige Betrachtung kann dir Stoff zum Nachdenken geben. Erinnere dich an Augenblicke, in denen du wirklich verärgert warst, und prüfe, ob du unter dem Ärger ein anderes Gefühl ausmachen kannst. Schau zurück auf Momente, in denen ein anderer richtig wütend auf dich war, und versuche herauszufinden, was hinter seiner Wut lag.

Wenn du das nächste Mal wütend wirst, frage dich: Welches Gefühl vermeide ich mit dieser Wut? Halte einen Augenblick inne und atme tief durch. Das ist keine leichte Übung. Wir werden wütend, um irgendein anderes Gefühl nicht zu spüren. Wenn wir uns dessen bewusst werden (indem wir die obige Frage stellen), müssen wir uns den Emotionen stellen, die wir zu vermeiden suchten. Atme weiter tief durch.

Schreibe deine Beobachtungen in dein Tagebuch.

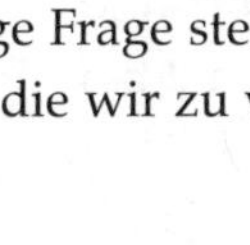

Unsere Wut – ein natürlicher Instinkt

Betrachtung für den heutigen Tag

Wie schon gesagt, sind Ärger und Wut normalerweise sekundäre Emotionen. Hinter ihnen verbirgt sich im Allgemeinen ein Gefühl, das uns unangenehm ist, und zumeist auch irgendeine Form von Schmerz. Unser wahres Wesen kennt keinen Ärger – er ist normalerweise eine Reaktion des Ego-Selbst. Unser Ärger ist ein verzerrter Ausdruck unserer Stärke, die Teil unseres wahren Wesens ist.

Obwohl unser Ärger ein verzerrter Ausdruck ist, gibt es in der Bandbreite menschlicher Erfahrungen Raum für Aggressionen. Natürliche Aggressionen basieren nicht auf den Ego-Strukturen, sondern auf unserer Stärke. Unsere natürlichen Aggressionen dienen unserem Schutz. Wir wissen, dass ein Tier aggressiv wird, wenn sein Territorium oder seine Jungen bedroht sind. Das Gleiche gilt für uns. Wenn eine Mutter spürt, dass ihr Kinder in Gefahr ist, wird sie auf die Bedrohung natürlicherweise mit Aggressionen reagieren. Diese Aggressionen unterstützen sie dabei, ihr Kind zu schützen.

Ein natürlicher Instinkt bewegt uns dazu, unseren inneren Raum oder unser äußeres Zuhause zu schützen. Wenn jemand in unser Heim eindringt, können wir mit Aggression reagieren. Und greift uns der innere Kritiker von innen an, haben wir das Recht, uns vor seinem Angriff zu schützen. Wenn der innere Kritiker unsere eigene Aggressionsfähigkeit gegen uns richtet, ist es stimmig, sich zu verteidigen.

Die Übung:

In der heutigen Übung werden wir den Unterschied zwischen Ärger und natürlicher Aggression anhand unserer persönlichen Erfahrungen reflektieren. Erinnere dich an eine Gelegenheit, bei der du instinktiv etwas dir Wertvolles verteidigt hast. Wie hat sich das in deinem Körper angefühlt? Wie ging es dir dabei? Welches Resultat hast du erzielt?

Lass dir heute die obige Betrachtung immer wieder durch den Kopf gehen und schau, ob noch andere Erlebnisse in deiner Erinnerung auftauchen, die den Unterschied zwischen natürlicher Aggression und Ärger oder Wut verdeutlichen.

Natürliche Aggression und der innere Kritiker

Betrachtung für den heutigen Tag

Wie schon bemerkt, haben natürliche Aggressionen ihren Platz im menschlichen Erleben. Wenn dein innerer Kritiker dich oder deine Lebenskraft angreift und damit deine Erfahrung deiner selbst beschneidet, ist es stimmig, sich gegen ihn zur Wehr zu setzen. Wir verstehen inzwischen, dass sich der innere Kritiker für unseren Freund hält. Er glaubt, uns vor irgendeiner Art von Schmerz zu schützen. Wir haben untersucht, wo die Urteile des Über-Ichs ihren Ursprung haben, und können Mitgefühl mit seinen fehlgeleiteten Versuchen empfinden, uns vor unserer eigenen Dummheit zu schützen. Doch manchmal müssen wir einen Angriff schlicht und einfach abwehren. Aggressionen bieten uns die schnellste Möglichkeit, die Stimme des Über-Ichs zum Schweigen zu bringen. Später können wir uns dann die Zeit nehmen, den Angriff genauer zu verstehen. Doch zuerst müssen wir ihn stoppen.

Im Grunde sagen wir „Nein" zum Über-Ich. Nein, ich verdiene es nicht, angegriffen zu werden. Nein, ich lasse es nicht zu, schlecht behandelt zu werden. Nein, ich will nicht, dass meine Lebendigkeit auf diese Weise unterdrückt wird. Wir setzen unsere eigene Stärke ein, um einen Abstand zwischen uns und den Angreifer zu legen – selbst wenn der Angriff aus einer unserer eigenen inneren Strukturen kommt.

Um einen Angriff des inneren Kritikers zu stoppen, benötigen wir unsere aggressive Energie. Wir müssen fähig sein, zu sagen: „Nein, ich verdiene es nicht, angegriffen zu werden." Wenn wir einen inneren Angriff effektiv stoppen, gewinnen wir Raum, um wir selbst zu sein.

Um die Struktur des inneren Kritikers aufzulösen und zukünftige Angriffe zu vermeiden, müssen wir die Struktur verstehen und Mitgefühl mit dem Anteil unserer selbst empfinden, der sie einmal für notwendig hielt. Doch zuerst müssen wir den Angriff stoppen.

Die Übung:

Heute wirst du üben, dich anhand deiner eigenen natürlichen Aggressivität gegen den inneren Kritiker zu verteidigen. Wir haben gesehen, dass der innere Kritiker normalerweise die Energie unserer natürlichen Aggressivität an sich reißt und als stillen, inneren Angriff gegen uns richtet.

Denke daran, dass diese Angriffe in Form unserer eigenen Gedanken auftauchen: „Du bist blöd." „Das hättest du nie sagen dürfen!" „Was bist du doch für ein Idiot!" Wenn wir uns mithilfe unserer Aggressionen gegen diese Angriffe verteidigen, fordern wir unsere Energie zurück. Diese Energie kann dann unsere Lebenskraft unterstützen, anstatt von der psychischen Struktur, die wir den inneren Kritiker nennen, gegen uns verwendet zu werden.

Ich kann einfach nicht „Nein“ sagen

Betrachtung für den heutigen Tag

Heute betrachten wir ein Thema, das immer, wenn es um Ärger und Aggressionen geht, eine wichtige Rolle spielt: Die Fähigkeit, „Nein“ zu sagen. Manchen Menschen fällt es sehr schwer, ein klares Nein auszusprechen, weil das nicht zu ihrem Selbstbild eines netten Menschen passt. Ein solches Muster macht es einem auch schwer, „Nein“ zum Über-Ich zu sagen, wenn es einen von innen angreift.

Andere Menschen können nicht „Nein“ sagen, weil es ihnen nie erlaubt war, „Nein“ zu ihren Eltern zu sagen. Vielleicht wurden sie bestraft, wenn sie zu ihrer Mutter oder ihrem Vater „Nein“ sagten. Vielleicht verlangt ihre Persönlichkeitsstruktur von ihnen, immer zu versuchen, es allen Recht zu machen. Vielleicht fühlen sie sich nicht würdig, ihre eigenen Bedürfnisse zu erfüllen, und wenn sie gebeten werden, etwas für andere zu tun, stellen sie ihre eigenen Wünsche immer hintan. Solche Menschen setzen sich selbst immer an die letzte Stelle.

Es gibt auch Menschen, die automatisch immer „Nein“ sagen. Sie drehen das Muster einfach um – doch es bleibt eine Struktur aus der Vergangenheit, die ihre Freiheit in der Gegenwart einschränkt.

50

Die Übung:

Erforsche deine Fähigkeit, „Nein" zu sagen. Fällt es dir leicht oder schwer, jemandem eine Bitte abzuschlagen? Fällt es dir bei manchen Menschen leichter, „Nein" zu sagen, als bei anderen – oder gibt es einen geschlechtsspezifischen Unterschied? Was bedeutet es für dich, „Nein" zu sagen? Was sagt dein innerer Kritiker zum Neinsagen? Kannst du zu deinem inneren Kritiker „Nein" sagen?

Wenn es dir schwer fällt, „Nein" zu sagen, schau, ob du den Grund dafür in deiner Vergangenheit finden kannst. Ist da etwas in deiner Geschichte, das sich heute auf deine Fähigkeit auswirkt, zu anderen „Nein" zu sagen? Behalte diese Fragen im Laufe des heutigen Tages im Sinn – vielleicht kannst du beobachten, wie du auf die Bitten anderer Menschen reagierst. Die Antworten auf diese Fragen können vielschichtiger sein, als du glaubst.

Schreibe deine Beobachtungen in dein Tagebuch.

Ärger und Zorn versus Hass

Betrachtung für den heutigen Tag

In den letzten Betrachtungen haben wir einen tieferen Blick auf Zorn und Ärger geworfen. Unter gewissen Umständen kann man Ärger, Wut und Zorn als annehmbare Gefühle betrachten: Ein gewisses Maß an Ärger in uns und in anderen können wir durchaus tolerieren und verstehen. Vielleicht mögen wir die Wut nicht besonders, finden aber, dass es letztendlich nur menschlich ist, gelegentlich wütend zu werden. Wir würden lieber wütend werden als Hass zu empfinden.

Hass wird manchmal als Wut oder Ärger verkleidet, weil er gesellschaftlich weniger akzeptabel ist. Niemand erlebt gerne seinen eigenen Hass. Schon das Lesen dieser Zeilen kann mulmige Gefühle verursachen. Vielleicht ist dein Über-Ich schon alarmiert. Es gehört sich nicht, den eigenen Hass anzuerkennen. Und kein anderer darf auch nur vermuten, dass wir vielleicht hassen. Trotzdem tun wir es, und was noch hinzukommt: Indem wir unseren Hass leugnen, verschließen wir unser Herz auch für liebevollere Emotionen.

Hier ein Tipp, um den Unterschied zwischen Wut und Hass zu erkennen: Wut ist heiß, Hass ist kalt. Unsere Wut hat etwas Feuriges. Wir sehen rot, wenn wir wütend werden. Hass ist kalt, unberührt und scheinbar emotionslos. Er hat etwas Kontrolliertes, Kalkuliertes. Ein wütender Mensch explodiert, aber der Hass zieht uns zusammen.

Hass zu erleben, ist etwas anderes, als ihn auszuagieren. Denke daran: Dein Über-Ich entstand, als du noch sehr klein warst, in einer Zeit, in der du deine Impulse noch nicht so gut kontrollieren konntest. Dein Über-Ich wollte dich daran hindern, deinen Hass auszudrücken. Es glaubte, dich und die anderen damit zu schützen. Doch jetzt sind wir erwachsen.

Wir können unsere eigenen Impulse kontrollieren. Es ist in Ordnung, uns unseren eigenen Hass anzusehen.

Die Übung:

Versuche zu sehen, ob du zwischen deiner Wut und deinem Hass unterscheiden kannst. Nimm wahr, wie sich diese beiden unterschiedlichen Gefühle in deinem Körper anfühlen. Lass deine Geschichte Revue passieren und schau, ob du Momente findest, in denen du Wut ausgedrückt hast, und andere, in denen du Hass ausgedrückt hast. Welche Erfahrungen hast du mit deinen Gefühlen gemacht? Was für Gefühle haben Menschen in deinem Umfeld zum Ausdruck gebracht? Manche Menschen behaupten, wütend zu sein, doch was wir erleben, ist ihr Hass. Erinnere dich an Situationen, in denen Hass präsent war, der aber als Wut oder Ärger bezeichnet wurde. Wie hat sich das in deinem Körper angefühlt?

Schreibe deine Beobachtungen in dein Tagebuch.

Ich hasse niemanden

Betrachtung für den heutigen Tag

Es ist nicht einfach, sich den eigenen Hass anzusehen. Hass ist ein verbotenes Gefühl. Er ist gesellschaftlich nicht akzeptiert. Es ist unangenehm, sich den eigenen Hass anzuschauen. Weil das ein schwieriges Thema ist, möchte ich noch einmal den Grund aufzeigen, warum wir uns in einem Buch, das der spirituellen Entwicklung gewidmet ist, mit einem so unspirituellen Thema wie dem Hass beschäftigen.

Aber ich hoffe, die Leser verstehen inzwischen, dass dieses Buch auf der Prämisse beruht, dass sich alle Dinge in unserer inneren Welt, die nicht wahr sind, auflösen, sobald wir sie ans Licht unseres Bewusstseins bringen. Unser Ego-Selbst ist eine verzerrte Version unseres wahren Wesens. Beim Erforschen unseres Ärgers und unserer Wut haben wir gesehen, dass sie verzerrte Versionen einer wesentlichen Qualität unseres wahren Wesens sind – der Stärke. Auch der Hass ist ein verzerrter Aspekt unseres wahren Wesens. Er ist eine Verzerrung des essenziellen Aspektes der Macht. Da unser Hass nicht Teil unseres wahren Wesens ist, wird er beginnen, sich aufzulösen, sobald wir ihn ans Licht unseres Bewusstseins bringen.

Es kann natürlich sein, dass du einer der wenigen Menschen auf der Erde bist, der absolut keinen Hass irgendwo in sich trägt. Das ist jedoch unwahrscheinlich. Wenn wir unserem Hass – ja sogar der Möglichkeit, Hass in uns zu tragen – ins Auge sehen, werden wir feststellen, dass er eine natürliche menschliche Reaktion ist. Hass ist häufig eine Reaktion auf das Gefühl von Frustration.

52

Die Übung:

Die heutige Übung ist zwar einfach, aber nicht leicht. Du beginnst, deine Beziehung zu deinem Hass zu erforschen – immerhin ein schwerwiegendes Gefühl. Wie reagierst du auf das Wort „Hass"? Was denkst du über den Hass? Ist er dir ein vertrautes Gefühl? Weißt du, wie es sich innerlich anfühlt, zu hassen? Was hat dein Über-Ich über deinen Hass zu sagen?

Erinnere dich an vergangene Augenblicke, in denen du Hass auf etwas oder jemanden gespürt hast. Wie hat sich das in deinem Körper angefühlt? Was hat dein innerer Kritiker damals über deinen Hass gesagt? Was hast du dir selbst gegenüber empfunden?

Die Gesichter des Hasses

Betrachtung für den heutigen Tag

Hass kann auf vielerlei Arten ausgedrückt werden. Hass ist eine Kontraktion. Unser innerer Kritiker richtet seinen Hass auf uns, wenn er uns unsere Lebendigkeit stiehlt. Hass verschließt das Herz. Manche Menschen drücken ihren Hass mit einem kalten Blick aus. Andere zeigen ihn, indem sie sich zurückziehen und so tun, als wäre man nicht da.

Hass äußert sich oft als Klatsch: Wir klatschen und genießen es. Schließlich tut das jeder. Doch überlege mal: Wenn du einem Menschen etwas Negatives über seinen Freund erzählst, dann beeinflusst du die Beziehung zwischen den beiden. Sie wird angespannter.

Hass kann sich als versteckte Feindschaft zeigen. Du bittest jemanden, dir das Salz zu reichen, und er reicht dir mit einem süßen Lächeln den Pfeffer. Wenn dir jemand freundlich gegenübertritt, hinter deinem Rücken aber schlecht über dich redet, dann ist das ein Ausdruck von Hass.

Sarkasmus ist eine Form des Hasses. Selbstzweifel können als Hass gesehen werden, den wir gegen uns selbst richten. Sie berauben unser inneres Erleben seiner Lebendigkeit. Hass hat viele Gesichter.

Die Übung:

Schau dir an, auf welche Weise du deinen Hass ausdrückst. Sei ehrlich. Je bereiter du bist, dich ehrlich zu betrachten, desto mehr wirst du entdecken. Kannst du sehen, wie der Hass in deinem täglichen Umfeld ausgedrückt wird? Fallen dir noch andere Möglichkeiten ein, wie die Menschen ihren Hass im täglichen Leben ausdrücken? Denk daran: Der Hass tötet unsere Lebendigkeit.

Schreibe deine Beobachtungen in dein Tagebuch.

Das dritte Gebot

Betrachtung für den heutigen Tag

Hass ist ein verbotenes Gefühl. Doch für viele war er die letzte Zuflucht, die ihnen in der Kindheit blieb. Natürlich konnten wir nicht zugeben, dass wir Hass für unsere Eltern empfanden. Es ist nicht erlaubt, die eigenen Eltern zu hassen. Falls wir Hass für unsere Eltern empfanden, haben wir ihn wahrscheinlich sofort unterdrückt. Wenn du in einem jüdisch-christlichen Haushalt aufgewachsen bist, bedeutete der Hass gegen deine Eltern ein Verstoß gegen das dritte Gebot. Du konntest dafür zur Hölle fahren.

Wenn ein Tier bedroht wird, reagiert es auf drei mögliche Arten: Es flieht, es kämpft oder es erstarrt und stellt sich tot. Als Kinder konnten wir weder fliehen noch kämpfen. Wenn wir von unseren Eltern geschlagen, bestraft oder beschämt wurden, konnten wir nicht weglaufen (obwohl manche von uns das versuchten!). Wir konnten auch nicht kämpfen – sie waren schließlich größer als wir. Aber wir konnten hassen. Der Hass hat etwas Erstarrtes. Er tötet unsere Lebendigkeit ab.

Als Kinder konnten wir uns verschließen, zurückziehen und hassen. Das war alles, was uns blieb. Es verlieh uns eine falsche Form der Macht, aber das reichte, um uns angesichts der negativen Energie, mit der uns die Erwachsenen bombardierten, beieinander zu halten.

Zum Teil wollen wir unseren Hass nicht anerkennen, weil er im weiteren Umfeld unserer Liebe angesiedelt ist. Wir lieben unsere Eltern. Es spielt keine Rolle, was sie uns in der Kindheit angetan haben. Wenn sie wundervoll waren, liebten wie sie. Doch selbst wenn sie uns schlecht behandelten, liebten wir sie. Manchmal hassten wir sie aber auch. Dann stand unsere Liebe im Widerspruch zu unserem Schmerz und unserem Hass. Es war sicherer, zu lieben, während das sich entwickelnde Über-

Ich den Hass unterdrückte. Es kann sein, dass unser Über-Ich immer noch versucht, unseren Hass zurückzuhalten.

Die Übung:

Wie schon angemerkt, kann der Hass eine Reaktion auf Frustrationen sein. Es ist in vieler Hinsicht frustrierend, ein Kind zu sein. Wahrscheinlich kannst du dich noch daran erinnern, wie frustrierend es war, klein zu sein. Vielleicht erinnerst du dich daran, dass du noch nicht tun konntest, was du gerne wolltest. Du erinnerst dich daran, wie deine Eltern „Nein" gesagt haben.

Es gab vieles, was wir als Kinder gerne tun wollten, doch uns wurde gesagt, dass wir es nicht durften. Für unsere Versorger war das häufig eine vollkommen stimmige Antwort. Doch wir haben diese Antwort gehasst.

Erinnere dich heute an die Augenblicke deiner Kindheit, in denen du Hass empfunden hast. Wir wissen, dass du deine Eltern liebst. Trotzdem hast du sie als Kind vielleicht manchmal gehasst. Wenn du dich an die Zeiten erinnerst, in denen du Hass verspürt hast, können auch andere Gefühle an die Oberfläche treten. Vielleicht ist Traurigkeit mit diesen Erinnerungen verbunden. Vielleicht auch Schmerz. Erlaube dir, alles da sein zu lassen, was du in dir vorfindest. Beobachte, was dein Über-Ich zu dieser Übung zu sagen hat. Versuche, nichts aus deinem Erleben wegzuschieben. Du brauchst mit dem, was an die Oberfläche kommt, nichts zu tun – beobachte es einfach nur.

Schreibe deine Beobachtungen am Ende des Tages in dein Tagebuch.

Sünden wider den Vater

Betrachtung für den heutigen Tag

Wenn der Hass ein verbotenes Gefühl ist, dann ist es mit Sicherheit eine Sünde, dieses Gefühl gegen Gott zu kehren. Doch die Wahrheit ist, dass manche Menschen manchmal Gott hassen. Sie sind vielleicht wütend über ihre Lebensumstände oder über das Schicksal eines geliebten Menschen. Vielleicht fragen sie sich, warum es so viel Leid in der Welt gibt. Vielleicht sind sie mit dem Leben, so, wie es ist, nicht einverstanden. Vielleicht hassen sie Gott.

Wenn du einen unbewussten Hass auf Gott in dir trägst, wirst du dein Herz für das, was „Gott" dir bedeutet, nie vollkommen öffnen können. Du musst zuerst deinem Hass begegnen.

Es gibt Menschen, die in ihrer Kindheit so sehr verletzt wurden, dass sie sich geschworen haben, nicht mehr wirklich am Leben teilzuhaben. Wir können das Leben nicht verändern, aber wir können uns von ihm zurückziehen. Wir können unsere Freude und Lebendigkeit als Protest gegen Gott zurückhalten. Das ist eine Form von Hass. Es ist, als würden wir sagen: „Ich mag nicht, was du getan hast, also spiele ich nicht mehr mit. Und du kannst mich nicht dazu zwingen."

Die Übung:

Es ist nicht einfach, diesen Bereich genauer zu untersuchen, weil sich unser Herz ganz natürlich nach Gott oder dem Göttlichen sehnt. Das ist eine tiefere Wahrheit als unser Hass. Doch der Hass kann sich zwischen unsere Sehnsucht nach dem Göttlichen und uns selbst schieben.

Wenn du ein schweres Kindheitstrauma erlebt hast – vielleicht ist deine Mutter gestorben oder dein Vater hat euch verlassen –, dann hast du dich vielleicht so hilflos gefühlt, dass du nur noch hassen konntest. Diesen Hass hast du vielleicht auf Gott gerichtet. Du könntest dich gefragt haben: „Wie konnte Gott zulassen, dass mir so etwas passiert?"

Wenn dich die heutige Betrachtung und die Übung nicht ansprechen, mach dir nichts draus. Nicht jeder kennt die Erfahrung, Gott zu hassen. Doch die Erkenntnis, Gott zu hassen, ist eine wichtige Einsicht für alle, die mit dieser Erfahrung etwas anfangen können.

Finde selbst heraus, was für dich stimmt. Wie immer gibt es auch hier kein Richtig oder Falsch. Schau dir die Sache einfach an. Und wie immer du auf die heutige Übung reagierst: Nimm dich vor dem Über-Ich in Acht. Unser spirituelles Über-Ich hat zu der heutigen Betrachtung bestimmt eine Menge zu sagen.

Erkenne deine finsteren Gedanken an

Betrachtung für den heutigen Tag

Wenn wir auch die Anteile unserer Ganzheit anerkennen können, mit denen wir nicht einverstanden sind, erlangen wir eine gewisse innere Freiheit. Der Hass, den wir in uns tragen, ist ein Teil unseres Schattens. Wir verbergen ihn vor uns selbst und der Welt. Wenn wir unseren Hass unterdrücken, wandert er unter die Oberfläche ins Unbewusste. Es benötigt Energie, ihn unterdrückt zu halten. Diese Energie ist Teil unserer Lebenskraft und steht uns nicht länger für unser Leben zur Verfügung.

Wenn es Anteile in uns gibt, die wir nicht anschauen können, haben wir nicht die Freiheit, wir selbst zu sein. Wir können nicht spontan sein, wenn wir fürchten, irgendetwas Schlechtes könnte hochkommen, sobald wir einmal nicht aufpassen. Dann glauben wir, unsere Gefühle und uns selbst immer kontrollieren zu müssen. Es wird schwierig, uns selbst zu vertrauen und zu entspannen.

Denke daran – das Thema ist hier nicht, unseren Hass auszuagieren. Es geht uns einfach nur darum, das, was in uns ist, anzuerkennen und schließlich anzunehmen. Unseren Hass auszuagieren, ist nicht stimmig und würde nur unsere Entwicklung stören.

Das Paradoxe ist, dass unser Hass, solange er unbewusst ist, viel eher (vielleicht unterschwellig) ausgedrückt wird, als wenn wir uns seiner bewusst sind. Wie alles, was nicht Teil unseres wahren Wesens ist, wird sich auch der Hass auflösen, sobald wir ihn ins Bewusstsein bringen.

Die Übung:

Denke an etwas, das du hasst. Wähle etwas verhältnismäßig Leichtes, zum Beispiel in einem Verkehrsstau zu stecken, den Müll rauszubringen oder die Anleitung zum Programmieren deines Videorekorders zu verstehen. Oder wie wäre es mit der zu kurzen Strumpfhose, die irgendwann zwischen den Knien hängt, oder diesem unglaublich ausgetüftelten Werkzeug, das alles kann, außer dem, wofür du es gerade wirklich brauchst. Nimm keine Themen wie den Terrorismus, die Zerstörung der Regenwälder oder Bin Laden. Wähle irgendein Ding oder eine Aktivität für die heutige Übung, keine Person.

Wenn du dich entschieden hast, schreibe alles auf, was du an dieser Sache hasst. Während du die verschiedenen Punkte aufschreibst, spüre bei jedem, welche Gefühle damit einhergehen. Wenn du spürst, was du an der Sache, die du gewählt hast, so hasst, atme tief durch. Spüre, wie sich deine Nasenflügel blähen. Fühle, wie sich deine Schultern zusammenziehen. Drücke deine Verachtung auch mit deiner Mimik aus. Lass deinen Hass brodeln.

Nimm die Körperhaltung des Hasses ein. Wenn du magst, kannst du das Ganze auch musikalisch untermalen, vielleicht mit Wagner oder dem Stück für Mars aus „Die Planeten" von Gustav Holst. Schau, ob du es genießen kannst. Beobachte, wie die Übung auf dich wirkt, und schreibe deine Erkenntnisse in dein Tagebuch. Der Sinn der Sache liegt darin, dir die Erlaubnis zu geben, deinen Hass zu spüren. Wie ist es, dir diese verbotene Emotion zu erlauben?

Angst vor der Zukunft

Betrachtung für den heutigen Tag

Wir haben unseren Ausflug in das Reich der Emotionen mit zwei schwerwiegenden Emotionen, Wut und Hass, begonnen. Als nächstes werden wir uns auf Angst konzentrieren.

> **A**uf
> **N**icht-reale
> **G**egebenheiten
> **S**icher
> **T**rauen *

Solange kein wilder Tiger vor uns steht und uns auch niemand mit einem Messer bedroht, haben wir keinen echten Grund, uns zu fürchten. Trotzdem tragen wir alle eine Menge Ängste mit uns herum. Bei einigen Menschen wird das ganze Leben von der Angst bestimmt. Anderen kommt die Angst nur unter bestimmten Bedingungen zu Bewusstsein. Doch ihre Angst kann einfach eine automatische Reaktion auf diese Bedingungen sein.

Angst ist eine Funktion des Egos. Sie ist keine Funktion des Seins – es sei denn, ein Tiger steht vor dir. Mit anderen Worten, solange dir in der Realität keine echte Gefahr droht, wird die Angst vom Ego produziert. Angst basiert auf der Zukunft. Wir haben Angst, dass in der Zukunft etwas passieren könnte, das schwierig für uns ist. Oder wir fürchten uns, dass in der Zukunft etwas passieren könnte, das sich in der Vergangenheit schon einmal ereignet hat. Die meiste Zeit hat unsere Angst wenig mit dem zu tun, was gerade in der Gegenwart geschieht.

* engl.: fear = false evidence accepted as real

Wir haben Angst, krank zu werden oder Pleite zu gehen. Wie haben Angst, unseren Job oder einen geliebten Menschen zu verlieren. Sie alle sind mögliche Ereignisse in einer möglichen Zukunft. Das Ego schaut mit Bedauern auf die Vergangenheit und mit Angst in die Zukunft. Das Sein findet in der Gegenwart statt. Je mehr wir lernen, von Moment zu Moment voll und ganz gegenwärtig zu sein, desto mehr wird die Angst von einem ständigen Begleiter zu einer seltenen Erfahrung (z.B. wenn uns ein Tiger begegnet).

Die Übung:

Lass dir im Laufe des Tages alle Dinge durch den Kopf gehen, vor denen du dich fürchtest. Wenn es dir hilft, kannst du den Satz: „Ich habe Angst vor ..." im Geist vollenden. Wie fühlt sich die Angst in deinem Körper an? Wie würdest du die körperliche Empfindung von Angst beschreiben? Schau, ob dein Über-Ich der Angst zu Hilfe kommt, indem es plausible Gründe für die Angst liefert.

Schreibe die Liste am Ende des Tages in dein Tagebuch. Sei so ehrlich, wie du kannst. Deiner Angst zu begegnen, ist der erste Schritt, um frei von ihr zu werden.

Die Geschichte deiner Angst

Betrachtung für den heutigen Tag

Als wir geboren wurden, ruhten wir noch im Göttlichen, und wenn wir kein Geburtstrauma durchmachen mussten, sind wir, wenn wir ins Leben treten, noch mit unserer göttlichen Natur verbunden. Obwohl sich das Kind seiner Verbindung zur Einheit ohne Konzepte nicht bewusst ist, ist diese Verbindung vorhanden. Das ist der Grund, warum sich die Menschen von Babys angezogen fühlen.

Als Tiere sind wir auch mit einem Überlebensinstinkt ausgestattet. Wir haben eine Tiernatur und eine göttliche Natur. Um voll und ganz Mensch zu werden, müssen wir unsere Tiernatur in unsere göttliche Natur integrieren.

Wenn wir in ein förderndes, liebevolles Umfeld geboren werden, fühlen wir uns meist vom Leben gehalten. Wenn unsere Nahrungs- und Kontaktbedürfnisse erfüllt werden, können wir uns entspannt auf das Leben einlassen. Vermittelt uns unser frühes Umfeld jedoch nicht das Gefühl, gehalten zu werden, entwickeln wir Ängste. Als Babys sind wir hilflos und daher abhängig. Unser Überleben liegt in der Hand der Menschen, die sich um uns kümmern. Sind sie aus irgendeinem Grunde nicht zuverlässig, bekommen wir Angst. Eltern, die gewalttätig, emotional abwesend oder einfach mit anderen Dingen beschäftigt sind, können nicht wirklich für das Kind da sein. Dann erlebt das Baby wahrscheinlich nicht, wie es ist, unterstützt zu werden, und es wird ängstlich.

Wenn unsere Eltern ängstliche Menschen waren, haben wir (ausgesprochen oder unausgesprochen) die Botschaft erhalten, dass die Angst ein natürlicher Teil des Lebens ist. Fürchteten sich deine Eltern vor dem Leben, voreinander, vor deiner Vitalität oder davor, was die Nachbarn dachten, dann leben diese Ängste wahrscheinlich noch heute in dir weiter. Die Ängste deiner Eltern haben vielleicht die Form gewechselt, um in dein Leben zu passen, aber solange du dich nicht bewusst mit ihnen auseinander gesetzt hast, sind sie weiterhin da.

Die Übung:

In der heutigen Übung geht es darum, bestimmte Dinge zu betrachten. Das mag für manche aufgrund ihrer persönlichen Geschichte schwierig sein. Doch selbst wenn du die Erforschung schwierig findest, versuche, dabeizubleiben. Wenn es dir zu intensiv wird, mache eine Pause und versuche es später noch mal.

Erinnere dich, so gut du kannst, an deine frühe Kindheit. Denke an die damaligen Umstände in dem Umfeld, in das du geboren wurdest. Vielleicht hast du sehr frühe Erinnerungen, die dir ein paar Hinweise auf deine Babyzeit geben können. Vielleicht kannst du die verschiedenen Geschichten, die du im Laufe deines Lebens über jene Zeit gehört hast, zu einem Ganzen zusammensetzen. Das mag dir ein Gefühl dafür vermitteln, wie es war, in deiner Ursprungsfamilie geboren zu werden.

Schau dir auch die Ängste deiner Eltern genauer an. Was für spezifische Ängste hatten sie?

Sieh dich vor!

Betrachtung für diesen Tag

In der heutigen Betrachtung wollen wir genauer ansehen, wie uns in der frühen Kindheit Ängste vermittelt wurden. Deine Eltern haben dir die Ängste, die sie in sich trugen, entweder direkt oder indirekt vermittelt. Außerdem haben sie sich auch um dich ganz speziell geängstigt.

Deine Mutter fürchtete vielleicht, dass du krank werden oder dich verletzen könntest. Wenn sie dich immer wieder ermahnt hat, deinen Mantel zuzuknöpfen und nicht mit nassen Haaren nach draußen zu gehen, hast du vielleicht gelernt, Angst um deine Gesundheit zu haben. Hat sie dich ständig vor den Gefahren der Welt gewarnt und/oder dich ermahnt, vorsichtig zu sein, dann hast du diese Ängste möglicherweise verinnerlicht und zu deinen eigenen gemacht.

Dein Vater hatte vielleicht Angst, du würdest in der Schule oder im täglichen Leben versagen. Wenn er sich um deine Zukunft sorgte und dich unter Druck setzte, gute Zensuren zu schreiben oder sportliche Höchstleistungen zu vollbringen, haben sich seine Ängste vielleicht auf dich übertragen. Vielleicht hast du das Gefühl, einem bestimmten Maßstab genügen zu müssen, und du setzt dich heute genauso unter Druck, wie dein Vater es damals tat.

Falls du eine Frau bist, hatte deine Mutter vielleicht Angst, dass du sie übertrumpfen oder ihr die Liebe deines Vaters rauben würdest. Bist du ein Mann, hat dein Vater dich vielleicht als Konkurrenten in Bezug auf deine Mutter gesehen oder gefürchtet, du könntest klüger oder sportlicher sein als er. Jeder von uns hat seine eigene, einzigartige Geschichte, und unsere Geschichte wirkt sich auf unsere gegenwärtigen Erfahrungen aus.

Die Übung:

In der heutigen Übung werden wir wieder einmal archäologische Grabungen zu deiner frühen Kindheit durchführen. Wir werden einfach ans Licht des Bewusstseins bringen, was im Unbewussten verborgen war. Dabei können wir auf Schätze stoßen oder – wie Archäologen – Dinge finden, die einmal nützlich waren, in unserem jetzigen Leben aber vollkommen wertlos sind.

Als Kinder haben wir uns auf unsere Umgebung eingestellt. Wir mussten uns anpassen, um zu überleben. Außerdem haben wir unsere Eltern geliebt und wollten es ihnen recht machen. Aus Liebe und um zu überleben, wurden wir zu den Menschen, die sie gerne wollten. Oder vielleicht haben wir auch rebelliert. In früheren Betrachtungen haben wir gesehen, dass Rebellion nichts mit Freiheit zu tun hat – sie ist einfach nur die Gegenseite der Kontrolle. Wenn unsere Eltern sagten: „Gehe links entlang", und wir rebellierten und rechts entlang gingen, dann hatten wir nicht die Freiheit, links entlang zu gehen – selbst wenn es uns ein wahres Seelenbedürfnis gewesen wäre.

Welche spezifischen, dich betreffenden Ängste haben dir deine Eltern übermittelt? Schreibe sie in dein Tagebuch. Achte beim Schreiben darauf, wie die Ängste, die deine Eltern um dich hatten, deine eigenen Ängste um dich selbst beeinflusst haben.

Was sollen denn die Nachbarn denken?

Betrachtung für den heutigen Tag

Die meisten Eltern waren nicht sehr bewusst. Sie waren keine schlechten Menschen. Sie mussten mit ihrer eigenen Geschichte und ihren eigenen Lebensumständen zurechtkommen. Viele Eltern haben noch den Zweiten Weltkrieg, Bomben, Flucht und Hunger miterlebt. Sie hatten nicht das Privileg, sich wie wir persönlich entwickeln zu können.

Wenn wir uns ansehen, wie unsere Eltern gehandelt haben, als wir noch sehr klein waren, heißt das nicht, dass wir sie als Menschen kritisieren. Die meisten Eltern haben ihr Bestes getan. Wir geben ihnen keine Schuld. Alles, was wir tun, ist, die jeweilige Realität, in der sich unsere psychischen Strukturen gebildet haben, ins Bewusstsein zu bringen. Das unterstützt uns dabei, uns selbst zu verstehen und alle Strukturen loszulassen, die uns in unserer gegenwärtigen Realität nicht mehr nützen.

Auch unsere Eltern mussten mit ihrem inneren Kritiker zurechtkommen. Sie haben die Ermahnungen *ihrer* Eltern verinnerlicht und ihre Eltern ebenso. Jede Generation beweist der vorhergehenden Generation ihre Treue und ihre Liebe, indem sie deren Muster, Einstellungen und Kindererziehung wiederholt.

Indem wir die Strukturen, die wir in Reaktion auf unser frühes Umfeld angenommen haben, ins Bewusstsein bringen, zerbrechen wir die Kette aus Verhaltensmustern, die in der Familie von Generation zu Generation weitergegeben wurden. Uns ist die Möglichkeit geschenkt worden, auf eine Art und Weise bewusst zu sein, wie sie sich unsere Eltern wahrscheinlich nicht einmal vorstellen konnten. Und die Muster können bei uns aufhören!

Vielleicht haben deine Eltern ihren inneren Kritiker auf die Nachbarn projiziert. Vielleicht haben sie sich gesorgt, was andere über eure Familie und über dich dachten. Manche Eltern sehen ihre Kinder als Verlängerungen ihrer selbst. Sie haben das Gefühl, ihr eigener Wert sei an das Verhalten ihrer Kinder gekoppelt. Dann glauben sie unbewusst, dass sich im Verhalten ihrer Kinder zeigt, ob sie selbst gute oder schlechte Menschen sind.

Wenn sie als gute Eltern betrachtet werden wollen, ist ihnen wichtig, dass du als gutes Kind gesehen wirst. Manchen Eltern ist der eigene Ruf viel wichtiger als die Bedürfnisse ihrer Kinder. Das ist zwar menschlich, aber für die Kinder nicht besonders hilfreich.

Die Übung:

Wenn du schon einmal mit einer Mutter und ihrem unglücklichen Kind in demselben Laden warst, ist dir vielleicht aufgefallen, dass sich die Mutter viel mehr Sorgen über deine Reaktionen machte als darüber, wie sie ihr Kind behandelte. Vielleicht hat sie das Kind bestraft, um dir und anderen Kunden zu beweisen, was für eine gute Mutter sie war – anstatt sich einen Moment Zeit zu nehmen, um sich um die Bedürfnisse ihres Kindes zu kümmern.

Im obigen Beispiel vermittelt die Mutter dem Kind zwischen den Zeilen, dass seine Gefühle lange nicht so wichtig sind wie das, was die anderen denken. Waren deine Eltern besorgt, was andere, die mit deinem Verhalten vielleicht nicht einverstanden waren, über sie dachten? Schau dir an, ob das in deiner Kindheit ein Thema war oder nicht. Haben die Ängste, die deine Eltern vor der Meinung anderer hatten, sich auf dich ausgewirkt? Wie zeigen sich diese Auswirkungen in deinem heutigen Leben? Insbesondere in Deutschland gab es eine Zeit, in der es lebensgefährlich sein konnte, die Nachbarn zu verärgern oder zu riskieren, dass sie schlecht von einem dachten. Vielleicht sind deine Eltern von solchen Zeiten beeinflusst worden. Was uns jedoch besonders interessiert, ist, ob ihre Ängste eine Spur in deinem Über-Ich hinterlassen haben.

Nimm dir Zeit für diese Übung. Kehre im Laufe des Tages immer wieder zu den obigen Fragen zurück. Das Thema, das wir gerade betrachten, kann sehr subtile Spuren hinterlassen. Was hält dein Über-Ich von der Meinung anderer über dich und das, was du tust?

Angst ist eine Funktion des Egos

Betrachtung für den heutigen Tag

Angst ist eine Aktivität. Wenn wir das Gefühl haben, im Sein zu ruhen, erleben wir keine Angst. Wenn wir mit unserem wahren Wesen in Kontakt sind, fühlen wir uns vom Universum gehalten. Wenn wir wissen, wer wir sind und unseren Platz in der Wirklichkeit klar kennen, machen wir die Erfahrung, dem Leben zu vertrauen. Dieses grundlegende Gefühl von Vertrauen ermöglicht es uns, entspannt auf das Leben einzugehen. Wir können einfach *sein*. Wir vertrauen, dass alles, was wir brauchen, da sein wird, wenn wir es brauchen. Wir brauchen uns nicht vor der Zukunft zu fürchten.

Das Ego besteht aus einer Serie mentaler Strukturen, die ständig aufrechterhalten werden müssen. Es braucht Mühe und Energie, das Ego aufrechtzuerhalten. Wenn du in das Gefühl der Angst hineinspürst, kannst du die Aktivität fühlen, die nötig ist, um diese Erfahrung aufrechtzuerhalten. Kannst du gleichzeitig entspannen und Angst haben?

Wenn wir vor etwas Angst haben, beißen wir uns darin fest. Wir haben einen Gedanken, der zum nächsten Gedanken führt und wieder zum nächsten, und wir werden immer ängstlicher. Das ist nicht nur eine mentale, sondern auch eine körperliche Erfahrung. Je mehr wir uns mental in die Angst verbeißen, desto stärker wird die Anspannung in unserem Körper.

Die Übung:

Denke an etwas, vor dem du dich fürchtest. Was erlebst du in deinem Körper, wenn du an etwas Angsterregendes denkst? Achte darauf, was im Solarplexus passiert (in der weichen, dreieckigen Zone unter deinem Brustbein). Was passiert in deinen Schultern? Was passiert mit deinem Atem?

Wir gehen noch weiter: Lausche weiterhin auf deine Ängste in Bezug auf das, wovor du dich fürchtest, und achte gleichzeitig darauf, was in deinem Körper passiert. Diese Übung gibt dir die Möglichkeit, dir der körperlichen Komponente der Angst gewahr zu werden. Dann kannst du leichter erkennen, wann du in der Angst gefangen bist.

Unsere Ängste sind manchmal unbewusst. Wenn wir die Symptome der Angst im Körper erkennen, können wir die Angst ans Licht des Bewusstseins bringen. Wenn wir uns unserer Strukturen bewusst sind, haben wir sie zwar noch – aber sie haben *uns* nicht mehr.

Nehmen wir zum Beispiel einmal an, du hättest Angst, deinen Bericht nicht rechtzeitig bei deinem Chef abzugeben: Was ist die Angst hinter dieser Angst? Vielleicht fürchtest du, deinen Job zu verlieren. Und welche Angst steht hinter dieser Angst? Vielleicht die Angst, du könntest dich und deine Familie nicht mehr ernähren. Und was ist die Angst dahinter? – Was passiert in deinem Körper, während du immer tiefer in die Angst hinter der Angst vorstößt? Achte bei deinen Beobachtungen auf jedes kleinste Detail.

Die Quelle deiner Angst

Betrachtung für den heutigen Tag

Die Angst ist kein Teil unserer wahren menschlichen Natur. Psychologen haben festgestellt, dass möglicherweise nur die Angst vor dem Fallen von Natur aus zu unserem Wesen gehört. Die Angst ist kein essenzieller Anteil unserer göttlichen Natur – doch wir alle erleben sie. Angst ist eine Aktivität des Egos, und wir alle haben ein Ego.

Wir haben manchmal schmerzhafte Erfahrungen gemacht und fürchten uns, in Zukunft ähnliches zu erleben. So entwickelt jeder von uns seine spezifischen Ängste. Wenn ein Elternteil gestorben ist, als wir noch sehr jung waren, haben wir jetzt vielleicht Angst, einen Menschen tief zu lieben. Das kann daher rühren, dass wir fürchten, den geliebten Menschen in Zukunft ebenso zu verlieren, wie damals unsere Mutter oder unseren Vater.

Wenn du einmal in einen Autounfall verwickelt warst, hast du jetzt vielleicht Angst vor dem Autofahren. Das ist etwas anderes, als würdest du die Angst deines Vaters vor dem Autofahren übernehmen, und es ist auch etwas anderes, als würdest du die Angst deiner Mutter übernehmen, die dich für einen unfähigen Autofahrer hält. Manchmal übernehmen wir die Ängste unserer Eltern aus Liebe zu ihnen. Indem wir ihre Ängste adoptieren und sie zu unseren eigenen machen, geben wir den Ängsten eine Art Berechtigung. Wenn wir unsere Ängste ansehen und ihnen die Möglichkeit geben wollen, sich aufzulösen, tun wir gut daran, herauszufinden, woher diese Ängste kommen.

Die Übung:

Die erste Übung zum Thema Angst bestand darin, eine Liste deiner Ängste aufzustellen. Nachdem du die darauf folgenden Betrachtungen durchgearbeitet hast, bist du vielleicht auf Ängste gestoßen, die dir vorher nicht bewusst waren. Füge sie der Liste hinzu.

Schau dir die Liste deiner Ängste genauer an und prüfe, ob du die Geschichte einer jeden Angst zurückverfolgen kannst. Was ist die Quelle einer jeden Angst? Auf welcher persönlichen Erfahrung beruht sie? Wessen Angst war es ursprünglich? Basiert diese Angst auf deinen eigenen Lebenserfahrungen oder hast du sie von jemandem aus deiner Familie übernommen?

Notiere dir zu jeder Angst auf deiner Liste, wo sie ihren Ursprung hat.

Die Aufgaben der letzten Woche waren eines Helden und einer Heldin würdig: Helden stellen sich dem Drachen. Unsere Angst gleicht häufig einem Drachen, vor dem wir davongelaufen sind, anstatt uns umzuwenden und nachzuschauen, was wirklich da ist. Herzlichen Glückwunsch!

Angst und das Über-Ich

Betrachtung für den heutigen Tag

Wenn wir genauer darauf achten, was wir fürchten, und die körperliche Empfindung der Angst tiefer erforschen, entwickeln wir die Fähigkeit, unsere Angst zu erkennen, sobald sie auftaucht – manchmal sogar schon bevor wir daran denken, dass wir Angst haben. Die Angst ist ein Partner des Über-Ichs. Es ist die Angst vor den Auswirkungen unserer Gedanken, Gefühle und Handlungen, die dem Über-Ich seine Macht verleiht. Das Über-Ich benutzt unsere Ängste, um uns auf dem rechten Weg zu halten.

Aufgrund unserer Angst vor Zurückweisung hindert uns das Über-Ich daran, bestimmte Dinge zu sagen oder zu tun. Mithilfe unserer Angst, was andere über uns sagen werden, erstickt es unsere Spontaneität. Und es macht sich unsere Angst vor dem Unbekannten zunutzte, um unsere Welt auf das zu beschränken, was wir schon kennen. Das Über-Ich benutzt unsere Ängste, um den Status quo zu erhalten. Es sperrt uns in die Kiste dessen, was wir schon kennen, indem es unsere Ängste vor all den schrecklichen Dingen schürt, die außerhalb der Kiste auf uns lauern.

Sicher, das Über-Ich ist wirklich der Meinung, uns zu beschützen. Es glaubt, seine Aufgabe bestünde darin, uns all das Schreckliche vor Augen zu halten, das geschehen würde, wenn wir nicht auf seine Anweisungen hörten. Unser Über-Ich glaubt ja selbst an all die furchtbaren Dinge, vor denen es uns warnt. Es ist voller Angst und Sorgen um uns. Das Über-Ich ist wie eine riesige Glucke in unserem Kopf, die herumgackert und versucht, uns vor allen möglichen Gefahren zu schützen.

63

Die Übung:

Bislang wurde unsere Arbeit von dem Verständnis geleitet, dass unsere Ängste, wenn wir sie ansehen – wenn wir uns umwenden und dem Drachen ins Gesicht schauen –, ihre Macht über uns verlieren. Wenn wir lernen, die Angst in unserem System zu erkennen, dann können wir auch lernen, die Anwesenheit des Über-Ichs zu bemerken, bevor es die Chance hat, eine Kontraktion in uns auszulösen. Sobald das geschieht, verliert auch das Über-Ich einen Teil seiner Macht über uns.

Nimm dein Tagebuch und blättere zurück zu einigen Aussagen des Über-Ichs, die du bei früheren Übungen aufgeschrieben hast. Welche Rolle spielt die Angst bei jenen Über-Ich-Botschaften? Wie benutzt dein innerer Kritiker deine Angst, um seine Macht über dich zu verstärken und dich dazu zu bringen, auf ihn zu hören?

Schreibe deine Beobachtungen in dein Tagebuch.

Große Kinder weinen nicht

Betrachtung für den heutigen Tag

Bei unserer Betrachtung der verschiedenen menschlichen Gefühle werden wir uns als Nächstes die Traurigkeit vornehmen. Oh ja, Freude und Liebe kommen auch noch dran, das verspreche ich!

Die Traurigkeit ist nicht gerade ein prickelndes Gefühl. Doch wenn wir uns der Freude öffnen wollen, müssen wir auch der Traurigkeit mit Aufgeschlossenheit begegnen. Die meisten Menschen glauben, sie könnten wählen, welche Gefühle sie erleben wollen und welche nicht. Sie verstehen nicht, dass man kein einzelnes Gefühl unterdrücken kann, ohne die anderen auch wegzuschieben.

Als Kinder sind wir in Bezug auf die Erfahrung und den Ausdruck der Traurigkeit sowie aller anderen Gefühle konditioniert worden. Wir erhielten direkte oder indirekte Botschaften über die Traurigkeit. Diese alten Konditionierungen tragen wir immer noch in uns, und die Botschaften des Über-Ichs sorgen dafür, dass sie weiterwirken.

Schauen wir uns doch einmal an, welche frühen Prägungen unsere Psyche in Bezug auf die Traurigkeit erhalten hat. Wenn den Eltern unsere Traurigkeit schnell zuviel war, können wir unsere eigene Traurigkeit wahrscheinlich auch nicht gut ertragen. Wenn unsere Mutter uns immer, wenn wir traurig waren, einen Keks zugesteckt hat, versuchen wir vielleicht heute noch, uns mit Essen zu trösten, wenn wir traurig sind, anstatt das untröstliche Gefühl zu ertragen. Wenn wir uns vor unseren Eltern dafür schämen mussten zu weinen, fühlen wir uns vielleicht immer noch schuldig, wenn uns die Tränen kommen. Und wenn unsere Eltern versucht haben, uns von der Traurigkeit abzulenken, werden wir als Erwachsene auch versuchen, uns abzulenken, wenn wir traurig sind.

Manche Kinder werden für ihre Traurigkeit bestraft: „Sei jetzt sofort still, oder ich gebe dir einen Grund zum Weinen!" Falls unsere frühe Konditionierung so aussah, werden wir unsere Traurigkeit als Erwachsene vermeiden – schließlich war es in unserer Kindheit gefährlich, traurig zu sein.

Auch die Art und Weise, wie unsere Eltern mit ihrer Traurigkeit umgegangen sind, war eine Lehre für uns. Wir haben mitbekommen, wie Mami und Papi miteinander umgingen, wenn einer von ihnen traurig war. In unserer Kindheit haben wir viele Botschaften über die Traurigkeit erhalten, und diese Botschaften beeinflussen unsere heutige Einstellung zum Traurigsein.

Die Übung:

Schau dir deine Konditionierungen rund um die Traurigkeit an. Was wurde in deiner Kindheit gesagt, wenn du traurig warst? Wie haben deine Eltern reagiert, wenn du dich als Kind traurig fühltest?

Schau dir die direkten Botschaften über deine Traurigkeit, aber auch die indirekten Botschaften an. Wie haben deine Familienmitglieder auf traurige Ereignisse reagiert?

Erinnere dich an etwas, das dich traurig macht oder gemacht hat. Wie fühlt es sich körperlich an, Traurigkeit in dir zu tragen?

Schreibe deine Beobachtungen in dein Tagebuch.

Bitte recht freundlich!

Betrachtung für den heutigen Tag

In der letzten Betrachtung haben wir uns angeschaut, wie unsere Eltern auf unsere Traurigkeit reagiert haben, als wir Kinder waren. Heute werden wir den Spieß umdrehen: Wie hast du auf die Traurigkeit deiner Eltern reagiert? Kinder lieben ihre Eltern bedingungslos. Wenn die Eltern traurig sind, ist es natürlich für ein Kind, ihnen helfen zu wollen.

Kinder tun alles für ihre Eltern. Aus Liebe zu seinen Eltern wird ein Kind seine eigenen Bedürfnisse opfern und sogar Teile seines eigenen Wesens aufgeben, um es den Eltern leichter zu machen. Wenn ein Elternteil traurig oder depressiv ist, versucht das Kind vielleicht, sich niedlich und unterhaltsam zu geben, um ihn glücklich zu machen. Kinder nehmen es auf sich, ihre Eltern glücklich zu machen, und das kann bedeuten, ihre eigenen Bedürfnisse zu unterdrücken. Es kann bedeuten, so zu tun, als seien sie glücklich und fröhlich, obwohl sie in Wirklichkeit leiden und Trost brauchen. Vielleicht bist du aber auch auf die Depressionen deiner Eltern eingegangen und hast deine eigene Freude unterdrückt, um ihnen in der Traurigkeit zu begegnen. Traurig zu sein, war vielleicht die einzige Möglichkeit, deinen traurigen Eltern zu begegnen, die für andere Arten von Kontakt nicht offen waren.

Manchmal fühlt sich ein Kind schuldig für seine Freude, wenn seine Eltern depressiv sind. Manchmal versucht ein Kind, die Depressionen der Eltern auf sich zu nehmen, um sie von ihnen zu befreien. Dann wird das Kind traurig, weil es fälschlich hofft, den Eltern so ihre Traurigkeit nehmen zu können. Fühlt es sich dann als Erwachsener glücklich, werden die kindlichen Anteile seiner Psyche das Gefühl haben, die Eltern zu verraten. Das kann für das innere Kind sehr bedrohlich sein. Das Über-Ich wird versuchen, die Freude des Erwachsenen zu unterdrücken, damit er in Kontakt mit dem traurigen Elternteil bleibt.

Die Übung:

Wirf einen Blick auf die Art und Weise, wie du auf die Traurigkeit deiner Eltern reagiert hast. Welche Strategie hast du angewandt, wenn deine Eltern traurig waren? Was hast du geopfert?

Siehst du irgendeine Verbindung zwischen deiner damaligen Reaktion auf Traurigkeit und Depressionen bei den Eltern und der Art und Weise, wie du heute auf deine eigene Traurigkeit oder die Traurigkeit anderer, dir wichtiger Menschen reagierst? Wirst du nervös, wenn du dich glücklich fühlst? Womit hat das zu tun?

Schreibe deine Beobachtungen in dein Tagebuch.

Sei gefälligst glücklich, sonst ...!

Betrachtung für den heutigen Tag

Unsere Freude ist ein natürlicher Teil unseres Wesens, unsere Traurigkeit hingegen nicht. Wenn du alle Aspekte deiner Traurigkeit ins Bewusstsein bringst, wird die Traurigkeit abnehmen. Wenn du alle Aspekte deiner Freude ins Bewusstsein bringst, wird die Freude zunehmen. Wir alle erleben Traurigkeit – und sie ist kein Teil unseres wahren Wesens.

Ich habe schon angedeutet, dass der innere Kritiker in Bezug auf unsere Traurigkeit seine eigene Meinung hat, und ich habe auch Möglichkeiten aufgezeigt, wie wir vielleicht damit verhaftet sind, traurig oder fröhlich zu sein. Hast du immer, wenn du traurig bist, den Gedanken: „Ich sollte fröhlich sein"? Dann kannst du dir sicher sein, dass der innere Kritiker am Werk ist. Er glaubt vielleicht, deine Traurigkeit sei der Beweis dafür, dass du versagt hast.

Dein innerer Kritiker wird dich vielleicht schelten, wenn du nicht fröhlich und bester Laune bist. Er könnte deine Angst vor Zurückweisung ausnützen und sagen, dass es niemand mit dir aushalten kann, wenn du traurig bist. Er könnte versuchen, dir Schuldgefühle einzuimpfen, weil du traurig bist. Dann fühlst du dich traurig und außerdem noch schuldig!

Manche Menschen fühlen sich hingegen schuldig, wenn sie glücklich sind. Ihr innerer Kritiker hält sie dazu an, traurig zu sein, indem er zum Beispiel sagt: „Wie kannst du glücklich sein, wenn es so viel Leid auf der Welt gibt!" In der letzten Betrachtung hatten wir darauf hingewiesen, dass eine solche Aussage darauf beruhen kann, dass man die Eltern in ihrem Leid nicht durch sein eigenes Glücksgefühl belasten wollte. Der innere Kritiker hat die Fähigkeit, Kindergedanken in eine Philosophie für Erwachsene zu verwandeln!

Die Übung:

Was sagt dir der innere Kritiker, wenn du dich traurig fühlst? Welche Urteile fällst du über dich selbst, wenn du traurig bist? Kannst du diese Urteile bis in deine Kindheit zurückverfolgen? Wer hat dir als Erster die Dinge vermittelt, die der innere Kritiker dir über Traurigkeit erzählt?

Um deine Klarheit und dein Verständnis zu fördern, ist es gut, auch diese Beobachtungen in dein Tagebuch zu schreiben.

Mitgefühl und Traurigkeit

Betrachtung für den heutigen Tag

Mitgefühl besänftigt den Schmerz. Unsere Traurigkeit verlangt nach Mitgefühl. Doch unsere Mutter ist nicht mehr da. Sie war vielleicht nie da. Was wir brauchen, um unseren Schmerz zu stillen, ist Mitgefühl mit uns selbst.

Mitgefühl ist Teil unseres wahren Wesens. Es ist ein natürlicher Anteil dessen, wer wir sind. Wenn wir uns erlauben, unsere Traurigkeit voll und ganz zu spüren, taucht von innen natürlicherweise das Mitgefühl auf. Unterdrücken wir hingegen unsere Traurigkeit und erlauben uns nicht, unseren Schmerz vollständig zu erleben, taucht paradoxerweise auch unser Mitgefühl nicht auf, und wir erfahren keinen inneren Trost.

Ein Grund, warum wir versuchen, unsere Traurigkeit zu vermeiden, ist die Angst, von ihr überwältigt zu werden. Wir glauben, sie sei bodenlos. Doch das ist sie nicht. Unsere Traurigkeit geht auch zu Ende – wenn wir den Mut haben, sie zu erleben.

Normalerweise denken die Menschen, es sei angenehmer, ihren Schmerz zu unterdrücken, als ihn zu spüren. Doch alles, was wir unterdrücken, verschwindet keineswegs. Es bleibt in uns und führt unbewusst das Regiment über uns. Der unterdrückte Schmerz beeinflusst die Art und Weise, wie wir unser tägliches Leben erfahren. Wir benötigen die Energie unserer Lebenskraft, um die Unterdrückung aufrechtzuerhalten. Außerdem müssen wir ständig Menschen und Situationen aus dem Weg gehen, die unseren Schmerz wachrufen könnten. Wir können nicht mehr spontan sein.

Wenn wir unseren Schmerz zulassen und erleben, taucht unser eigenes, natürliches Mitgefühl auf und tröstet uns. Das Mitgefühl, das wir für uns selbst empfinden, heilt den Schmerz. Wenn wir unseren Schmerz zulassen und heilen, bewegen wir uns auf unsere innere Freiheit zu. Dann kann die Energie, die wir brauchten, um den Schmerz zu unterdrücken, unserem Leben und unserer Gesundheit dienen.

Die Übung:

Nimm dir heute die Zeit, etwas zu erforschen, das dich traurig macht und Schmerz in dir verursacht. Das kann ein Verlust, eine unerfüllte Erwartung oder ein Ereignis sein, das einen Rest Traurigkeit in deiner Seele zurückgelassen hat.

Was geschieht, wenn du dir vorsichtig erlaubst, dem Schmerz nachzugeben? Sei sanft mit dir selbst. Zwinge dich zu nichts. Gehe langsam vor.

Es kann gut sein, dein Tagebuch zu Hilfe zu nehmen und alle Gedanken über das, was dich traurig macht, aufzuschreiben. Wenn du merkst, dass der vertraute Gedankenstrom zu dem bewussten Thema beginnt, dich mitzureißen, frage dich: „Was fühle ich gerade?" Sei bei der Antwort sehr genau.

Sage nicht einfach, dass du dich traurig fühlst, sondern beschreibe die dazugehörigen Körperempfindungen. Vielleicht spürst du einen Druck in der Brust oder einen Kloß im Hals. Beschreibe jede Körperempfindung so genau wie möglich. Sei achtsam: Dein Über-Ich könnte versuchen, dich abzulenken.

Nimm dir Zeit, deine Erfahrung, traurig zu sein, im Detail zu erforschen, und beobachte, wo dich das hinführt. Wenn es dich zu überwältigen beginnt, höre fürs Erste auf und mache später weiter. Achte auf die Erfahrung des Mitgefühls für dich und deine einzigartige Reise.

Traurigkeit als Treuebeweis

Betrachtung für den heutigen Tag

Wenn etwas Trauriges oder Tragisches in unserem Leben passiert, besonders wenn wir jung sind, haben wir oft das Gefühl, wir würden für immer traurig sein. Tatsächlich schwören sich manche, immer und ewig traurig zu bleiben. Wenn in unserer Kindheit ein Elternteil stirbt, bauen wir ihm mit unserer Traurigkeit ein Denkmal. Das heißt, wir halten an unserer Traurigkeit fest, um damit unsere Liebe für den Verstorbenen zu demonstrieren.

Dann kann es uns wie eine Sünde vorkommen, wirklich glücklich zu sein: Wenn wir glücklich wären, könnte das ja bedeuten, es wäre uns egal, dass der Betreffende gestorben ist.

Verfolgen wir diesen Gedanken doch einmal weiter. Stellen wir uns zum Beispiel einen Menschen vor, dessen Mutter gestorben ist, als er jung war, und der große Trauer darüber empfand. Dieser Mensch hat in seiner Psyche nicht die Mutter verinnerlicht, sondern die Traurigkeit darüber, seine Mutter verloren zu haben.

In einem solchen Fall besteht ein tiefer Widerstand dagegen, die Traurigkeit loszulassen, weil es einem vorkommt, als ließe man die Mutter los. Für die jüngsten Anteile unserer Psyche kann es sogar scheinen, als ermordeten wir sie, indem wir glücklich sind.

Als Kinder brauchen wir unsere Mutter. Das wissen wir auf einer vorbegrifflichen, präverbalen Ebene. Wenn wir die Traurigkeit über den Verlust der Mutter verinnerlicht haben, kann es uns vorkommen, als könnten wir ohne die Traurigkeit nicht leben. Wenn wir sie loslassen würden, hätten wir das Gefühl, unsere Mutter loszulassen.

Das ist glücklicherweise keine häufige Erfahrung. Doch für alle Menschen mit einer solchen Geschichte kann es sehr schwer sein, ein erfülltes, glückliches Leben zu führen.

Wenn du Jude bist und viele deiner Familienmitglieder im KZ umgekommen sind, kann es dir vorkommen, als würdest du sie verraten, wenn du glücklich wärst.

Auf der spirituellen Ebene kann man ein solches Muster als Identifikation betrachten, die die Menschen davon abhält, zu ihrer wahren Natur heimzukehren. Das ist, als ginge der Betreffende mit einem Schild um den Hals durch sein Leben, auf dem stünde: „Ich bin Waise." Diese Identifikation wird einen solchen Menschen davon abhalten, seine wahre Identität als Fleisch gewordenen Ausdruck des Göttlichen zu sehen.

Die Übung:

Schau dir deine Geschichte an und sieh, ob es da einen Menschen oder ein Ereignis gibt, dem du deine Treue beweist, indem du traurig bleibst. Gibt es da irgendein Selbstbild oder eine Identifikation, die du loslassen müsstest, um wirklich glücklich zu sein? Was würde dein Über-Ich sagen, wenn du glücklich wärst?

Schreibe deine Beobachtungen in dein Tagebuch.

Traurigkeit als Leidensbeweis

Betrachtung für den heutigen Tag

Der heutige Fokus ist eine Weiterführung der letzten Betrachtung, doch mit einer etwas anderen Perspektive. Manche Menschen halten an ihrer Traurigkeit fest, um ihre Eltern oder Versorger ins Unrecht zu setzen.

Wenn du dich als Kind misshandelt gefühlt hast, blieben dir nicht viele Wahlmöglichkeiten. Bei unserer Betrachtung über den Hass haben wir gesehen, dass der Hass oft eins der letzten Dinge war, die uns als Kinder blieben. Unsere Eltern konnten uns noch so sehr verletzen – wir konnten nicht weglaufen oder uns rächen. Aber wir konnten sie hassen.

Manche Kinder wählen eine andere Möglichkeit, auf Verletzungen seitens ihrer Eltern zu reagieren: Sie halten ihre Freude zurück und sind ein Leben lang traurig, um den Eltern zu zeigen, dass die Art und Weise, wie sie behandelt worden sind, falsch war (selbst wenn die Eltern schon lange tot sind!). Wären die Eltern gut zu ihnen gewesen, dann hätten die Kinder glücklich sein können, doch sie sind nicht glücklich – sie sind traurig. Und das beweist, dass die Eltern im Unrecht waren.

Wenn wir einem solchen Muster anhängen, fürchten wir uns davor, glücklich zu sein. Glücklich zu sein, würde bedeuten, dass die Art und Weise, wie uns unsere Eltern behandelt haben, in Ordnung war – doch das war sie ganz und gar nicht. Wir hängen an unserer Traurigkeit wie an einem Leidensbeweis. Wir benutzen unsere Traurigkeit, um unsere Versorger ins Unrecht zu setzen. Wir zahlen einen hohen Preis, um im Recht zu sein und unsere Eltern mit ihrer Art, uns zu behandeln, ins Unrecht zu setzen.

Die Übung:

Kannst du dich in der heutigen Betrachtung wiedererkennen? Wenn es so wäre: Welchen Menschen dürftest du nicht länger ins Unrecht setzen, wenn du vollkommen glücklich sein wolltest? Was für eine Aussage versuchst du mit deiner Traurigkeit zu machen? Es ist nicht sehr bequem, sich das anzusehen. Das Ego kann sich nicht gerade brüsten, wenn wir einsehen, dass wir uns selbst bestrafen, um einen anderen zu betrafen, der uns Unrecht getan hat.

Trotzdem tun wir das manchmal. Dann schmollen wir immer noch wie kleine Kinder. Das ist, als sagte unsere Traurigkeit: „Du hast mir weh getan, also gebe ich es dir zurück: Ich werde nie glücklich sein. Dann kannst du mal sehen, was du mir angetan hast!"
Schau ehrlich hin und sieh, ob dieses Muster in deiner Beziehung zu deiner Traurigkeit eine Rolle spielt.

Schreibe deine Beobachtungen in dein Tagebuch.

Deine Freude steht zu dir

Betrachtung für den heutigen Tag

Nachdem wir einige der schwierigeren Gefühle betrachtet haben, mit denen wir Menschen es zu tun haben, werden wir uns jetzt unsere Schwierigkeiten mit einigen der angenehmeren Gefühle ansehen. Wir wollen herausfinden, wie unsere frühe Konditionierung und unser Über-Ich uns daran gehindert haben, Freude, Glück und Liebe zu erleben. Wie immer werden wir auch hier die Hindernisse ins Bewusstsein bringen, die sich zwischen uns und diese Gefühlen stellen. Dann können diese Hindernisse beginnen, sich aufzulösen, und wir werden frei, unser wahres Wesen vollständiger zu erleben.

Die Freude ist ein Teil unseres wahren Wesens, ein Teil dessen, was wir sind. Und doch verlieren wir den Kontakt zu diesem essenziellen Teil unserer selbst. In der heutigen Betrachtung werden wir einige der Strukturen ansehen, die uns den Zugang zu unserer angeborenen Freude verstellen.

Wir haben schon entdeckt, dass uns die verschiedenen Möglichkeiten, an der Traurigkeit festzuhalten, daran hindern, unsere natürliche Freude zu erfahren.

Zum Zeitpunkt unserer Geburt ist unsere essenzielle Natur noch gegenwärtig. Wir haben Zugang zu ihr. Doch das ist uns nicht bewusst. Das Kind weiß nicht, dass es Freude erlebt. Es liegt nicht im Arm der Mutter und denkt: „Ich fühle mich glücklich, weil meine Mutter mich hält." Das Kind ist einfach da, und wenn gerade keine Störungen passieren, ist unter anderem die Qualität der Freude gegenwärtig. Wir alle haben schon erlebt, dass sich in der Gegenwart eines fröhlich glucksenden Babys ein Lächeln auf unsere Lippen stiehlt. Die Freude ist ansteckend.

Die Art und Weise, wie deine Eltern auf deine Freude reagierten, wirkt sich auf deine sich entwickelnde Psyche aus. Wenn sie sich mit dir gefreut haben, hast du vielleicht ihre Erlaubnis verinnerlicht, Freude zu empfinden, und bist daher offen für diese, wenn sie in dir auftaucht. 70

Hatten deine Eltern dagegen Probleme mit deiner Freude oder reagierten negativ auf sie, dann hast du die Botschaft erhalten, dass deine Freude nicht in Ordnung war. In diesem Fall wirst du deine Freude vielleicht unterdrücken oder dich schuldig fühlen, wenn sie trotzdem aufflackert.

Die Übung:

Manche Menschen werden nervös, wenn das Wort Freude fällt. Sie können etwas damit anfangen, sich gut, angenehm oder auch wohl zu fühlen, aber Freude – das geht ihnen etwas zu weit. Es passt nicht in ihr Selbstbild. An guten Tagen würden wir schon mal zugeben, dass wir uns glücklich fühlen, aber Freude? Das wäre etwas viel verlangt. Was hat dein Über-Ich zum Thema Freude in deinem Leben zu sagen?

Schau dir an, was das Wort Freude in dir auslöst. Wie fühlst du dich bei der Vorstellung, dass die Freude Teil deines Lebens ist? Wie viel Freude gibt es in deinem täglichen Leben? Wie passt die Freude zu deinem Selbstbild? Was ist deine persönliche Einstellung zur Freude, wie gehst du mit ihr um? Wie haben deine Eltern auf deine Freude reagiert? Wie äußert sich das Gefühl der Freude in deinem Körper? Indem du deine Beobachtungen in dein Tagebuch schreibst, verstärkst du deine Verbindung mit der Freude.

Ein Grund, glücklich zu sein

Betrachtung für den heutigen Tag

Wir haben schon festgestellt, dass ein Kind grundlos glücklich ist. Wenn ein Baby gut genährt und versorgt ist und seine Verbindung zu seinem wahren Wesen nicht durch schwere Traumen unterbrochen wurde, dann ist es natürlicherweise liebevoll, friedlich und voller Freude – ohne jeden Grund.

Oft sind wir glücklich, „weil ...“. Wir glauben mit anderen Worten, dass wir einen Grund brauchen, um glücklich zu sein. Wir sind glücklich, weil wir einen neuen Job haben. Wir sind glücklich, weil der Arzt gesagt hat, dass wir gesund sind. Wir sind glücklich, weil die Sonne scheint. Wir glauben meistens, dass wir einen Grund brauchen, um uns zu erlauben, Glücksgefühle zu erleben.

So wird die Freude mit etwas Äußerem in Verbindung gebracht und nicht als Teil unseres eigenen lebendigen Wesens erfahren. Wir machen unsere Freude von Bedingungen abhängig: „Ich bin glücklich, wenn ...“

71

Die Übung:

Stelle heute eine Liste all der Dinge zusammen, von denen du glaubst, dass sie dich glücklich machen. Dazu zählen auch Menschen, Ereignisse und Umstände. Schreibe auf, welche Bedingungen du brauchst, um dich glücklich zu fühlen.

Mache diese Liste auch, wenn du intellektuell begreifst, dass das Glück nicht von äußeren Ereignissen abhängig ist. Selbst wenn wir wissen, dass das Glück eine innere Erfahrung ist, die nicht von äußeren Umständen abhängt, leben wir immer noch so, als würde uns irgendetwas oder irgendjemand glücklich machen.

Bevor du die Übung machst, bitte dein Über-Ich, eine Runde spazieren zu gehen, damit du auch deine verborgensten (und unerleuchtetsten) Gedanken zu Papier bringen kannst.

Glücklichsein ist für Kinder

Betrachtung für den heutigen Tag

Was einen Menschen daran hindern kann, Freude zu erfahren, kann die Überzeugung sein, Glücklichsein sei etwas für Kinder. So jemand glaubt vielleicht unbewusst, erwachsen zu sein, bedeute, ernst zu sein. Für Kinder ist es stimmig, zu lachen, Spaß zu haben und spielerisch zu sein, aber wenn man erwachsen wird, muss man den Kinderkram ablegen und Verantwortung übernehmen. Deshalb glauben viele Menschen, richtig erwachsen zu sein, bedeute, ernst und wichtig zu sein.

Wenn die Erwachsenen in deinem frühen Umfeld ernst waren und wichtig taten, stellst du dir so vielleicht das Bild eines Erwachsenen vor. Vielleicht verhältst du dich unbewusst wie sie. Vielleicht haben sie sogar Dinge gesagt, die deine Sichtweise unterstützen. Vielleicht haben sie dir gesagt, du solltest Spaß haben, solange du jung bist. Oder sie haben über die sorglose Jugendzeit gesprochen.

Vielleicht durften die jüngeren Kinder in der Familie Spaß haben, während die älteren verantwortlich sein mussten. Dein Platz in der Geschwisterreihe kann einen Einfluss auf dieses Thema haben. Oft wird den Nesthäkchen der Familie viel mehr erlaubt als den Erstgeborenen, die die Verantwortung für die Kleinen mittragen müssen.

72

Die Übung:

Was ist deine Vorstellung von einem Erwachsenen? Gehört auch dazu, spielerisch zu sein und Spaß zu haben? Gehören auch Freude und Leichtigkeit dazu?

Als Einstieg kannst du auf eine Seite deines Tagebuchs schreiben: „Ein Erwachsener ist ...“, und den Satz dann mindestens zwanzig Mal beenden.

Wirf einen inneren Blick auf die Erwachsenen in deinem frühen Umfeld und achte darauf, welche unausgesprochenen Botschaften über das Erwachsensein du von ihnen erhalten hast. Wie passt die Freude dazu?

Glück und dein Selbstbild

Betrachtung für den heutigen Tag

Wir haben schon darüber gesprochen, dass manche Menschen daran hängen, sich selbst als ernst und wichtig zu sehen. Manche Menschen glauben, es sei töricht, angesichts der heutigen Weltlage glücklich zu sein.

Der Schmerz darüber, seine Freude verloren zu haben, kann mit einer zynischen Weltsicht abgewehrt werden, die es noch schwieriger macht, Freude zu empfinden. Der Zynismus erstickt die Freude. Er ist eine Form des Hasses. Wir alle haben schon erlebt, wie ein freudiges Erröten durch eine zynische Bemerkung zum Erlöschen gebracht wurde. Und dennoch gibt es Menschen, die stolz auf ihren Zynismus sind und ihn für geistreich halten.

Eine Abart des Zynismus ist es, „in" oder „cool" zu sein. Freude ist nicht „in" für einen Menschen, dem es wichtig ist, cool zu sein. Es würde seinem Image schaden, offen Freude und Glück zu zeigen. Der typische New Yorker passt zum Beispiel in diese Kategorie.

Manche Männer glauben, Fröhlichkeit sei nur etwas für Frauen. Es widerspricht ihrem Bild von Männlichkeit, fröhlich zu sein. Vielleicht gibt es in ihrem Unbewussten Reste der alten Vorstellung, dass Frauen kichern und fröhlich sind, während Männer die Verantwortung tragen. Vielleicht verbinden sie Fröhlichkeit unbewusst mit Leichtfertigkeit oder Verantwortungslosigkeit.

Die Übung:

Bist du mit irgendwelchen Selbstbildern identifiziert, die du loslassen müsstest, bevor du einfach nur glücklich sein dürftest? Welches Bild von dir selbst müsstest du loslassen, damit die Freude zu einem Dauergast werden könnte?

So schmerzhaft die Erkenntnis auch sein mag – vielleicht ist es an der Zeit, deine Opferrolle aufzugeben. Vielleicht musst du aufhören, cool zu sein. Denk daran, dass das Über-Ich versucht, die eingefahrenen Selbstbilder aufrechtzuerhalten.

Gibt es in deiner Seele einen gewissen Zynismus? Wie wirkt sich das auf deine Fähigkeit aus, für die Freude offen zu sein?

Nimm dir Zeit für die heutige Betrachtung und komme mehrmals am Tag auf die Übung zurück. Die hier angesprochenen Dinge erschließen sich nicht unbedingt auf den ersten Blick, und es kann sein, dass du beim zweiten oder dritten Hinschauen etwas Neues entdeckst.

Schreibe deine Entdeckungen in dein Tagebuch.

Was Glücklichsein für uns bedeutet

Betrachtung für den heutigen Tag

Im Zuge unserer Erforschung der menschlichen Gefühle werden wir jetzt das Glücksgefühl betrachten. Wir haben uns schon die Freude angesehen, doch die meisten verbinden eine etwas andere Erfahrung mit dem Glück, wenn sich die beiden Gefühle auch teilweise überlappen.

Dieses Buch wurde in der Absicht verfasst, die unechten Strukturen des Egos und das Über-Ich ans Licht des Bewusstseins zu bringen, damit sie sich auflösen können. Zu diesem Zwecke werden wir uns als Nächstes genauer anschauen, was wir mit dem so genannten Glück verbinden.

Wenn unsere Eltern darüber glücklich waren, dass wir glücklich waren, haben wir wahrscheinlich ihren Segen und ihr Glück verinnerlicht. Außerdem wird unser junges Bewusstsein von den glücklichen Erfahrungen und Lebensäußerungen unserer Eltern geprägt. Unsere Eltern waren unser frühes Vorbild für alle Gefühle – also auch für das Glück.

Da wir als Kinder das Wohlwollen unserer Eltern brauchten und wünschten, haben wir auf sie geschaut, um zu sehen, wie wir sein sollten. Wie sie waren und wie sie sich verhielten, wurde in unserem Bewusstsein zu einer Vorlage dafür, wie ein Mensch zu sein hat. Wenn unsere Eltern glücklich waren, gaben sie uns damit die stille Erlaubnis, auch glücklich zu sein.

Leider haben die meisten aufgrund früher Erfahrungen eine gemischte Einstellung zum Glücksgefühl. Wenn deine Eltern zum Beispiel Alkoholiker waren, erinnerst du dich vielleicht an Situationen, wo sie sich betranken, um glücklich zu sein. Ein Kind erkennt das Falsche an der betrunkenen Fröhlichkeit. Außerdem sind betrunkene Eltern total unzugänglich für das Kind, und das tut ihm weh. Das kann dazu führen, dass es den Eltern ihre vom Alkohol erzeugte gute Laune verübelt. Derartige Verbindungen in der Vorstellung des Kindes können seine spätere Beziehung zum Glücklichsein beeinflussen.

Die Übung:

Lass dir heute deine Einstellungen zum Glücklichsein durch den Kopf gehen. Wo kommen diese Einstellungen her? Kannst du sie bis zu ihrem Ursprung zurückverfolgen?

In manchen Familien wurde zum Beispiel die Botschaft vermittelt, dass nur einfältige Menschen glücklich sind. Vielleicht herrschte dort die Einstellung, dass in der heutigen Welt nur ein Narr glücklich sein kann.

Um deine unbewussten Einstellungen zum Glück an die Oberfläche zu bringen, kannst du den folgenden Satz vervollständigen: „Glücklich zu sein, bedeutet ..." Es geht darum, deine unbewussten Vorstellungen über das Glücksgefühl zu entdecken. Um das zu erreichen, vervollständige den Satz mindestens zwanzig Mal und schau, was auftaucht. Achte darauf, wie sich das Glücksgefühl in deinem Körper anfühlt. Kannst du einen Unterschied zwischen dem Gefühl der Freude und dem des Glücks ausmachen?

Wenn sich die Dinge ändern, werde ich glücklich sein

Betrachtung für den heutigen Tag

In unserer Familie, unserem Umfeld und unseren religiösen Unterweisungen herrschte nicht nur eine bestimmte Einstellung zum Glück, sondern auch die Vorstellung, unter welchen Umständen wir glücklich sein könnten.

Wenn unsere Eltern nicht glücklich miteinander waren, hegten sie vielleicht die Vorstellung, ein neuer Partner könnte der Schlüssel zum Glück sein. Litt ein Mitglied der Familie unter einer schweren chronischen Krankheit, dann war man vielleicht der Meinung, dass das Glück einkehren würde, sobald der Betreffende gesund würde. Mit anderen Worten: Ob man sich in der Familie glücklich fühlte, war von Bedingungen abhängig.

Das Ego denkt in Kategorien wie „mehr", „besser" und „anders", und in unserer Familie wurden diese Kategorien möglicherweise als Bedingungen für das Glück gesehen: Wenn ich mehr Geld, ein größeres Haus oder eine bessere Arbeit hätte, würde ich glücklich sein. Oder die Familie würde glücklicher sein, wenn alles anders wäre: Wenn die Großmutter ausziehen würde, wenn die Kinder mal groß wären oder wenn wir nicht so oft umziehen müssten. Und nun, da wir erwachsen sind, sehen wir dieselben Vorstellungen von mehr, besser oder anders als Vorbedingung dafür, glücklich zu sein.

Es kann sein, dass unsere frühen religiösen Unterweisungen von einem Glück sprachen, das uns im Jenseits erwartet – oder wenn der Messias kommt, wenn wir in den Himmel auffahren oder wenn alle Lebewesen frei von Leid sind. Vielleicht haben wir gelernt, dass wir glücklich werden, wenn wir uns auf eine bestimmte Weise verhalten, nämlich im Einklang mit den Regeln der Religion unserer Kindheit.

75

Die Übung:

Wirf einen Blick auf deine Familie und die religiösen Unterweisungen deiner Kindheit. Was wurde dir über die Bedingungen für das Glücklichsein vermittelt? Die Botschaften können direkt oder indirekt gewesen sein. Dir wurde vielleicht erklärt, was es mit dem Glück auf sich hatte, oder deine Familie hat dir vorgelebt, unter welchen Bedingungen es okay war, glücklich zu sein.

Prüfe, ob es in deiner Familie die Erwartung gab, dass alle oder deine Eltern glücklich wären, wenn man mehr hätte, wenn die Dinge anders wären oder wenn irgendetwas besser würde.

Mache deine Eltern glücklich

Betrachtung für den heutigen Tag

Die heutige Betrachtung steht in Bezug zu der vorigen. Wir haben gesehen, dass unsere Eltern vielleicht glaubten, glücklich zu werden, wenn sich bestimmte Bedingungen erfüllen würden. Es ist sehr schmerzhaft, wenn eine dieser Bedingungen dein Verhalten betrifft.

Manche Eltern benutzen die Schuldgefühle ihres Kindes bewusst oder unbewusst, um es zu kontrollieren. Waren dein Vater oder deine Mutter unglücklich, wenn du dich auf bestimmte Weise verhieltest oder ihre Erwartungen nicht erfülltest? Dann hast du gelernt, dass Glücksgefühle davon abhängen, wie sich die Menschen in deinem Umfeld verhalten. Du hast außerdem gelernt, dass du die Macht besitzt, deine Eltern glücklich zu machen oder leiden zu lassen. Das ist eine viel zu große Verantwortung für ein Kind und führt darüber hinaus zu sehr machtvollen Botschaften des Über-Ichs in Bezug auf die Auswirkungen deines Verhaltens auf andere.

Sicher, Kinder können Dinge tun, die ihre Eltern stolz und glücklich machen. Sie können auch Dinge tun, die ihre Eltern enttäuschen. Ich spreche hier nicht davon, dass deine Eltern sich freuten, wenn du eine gute Zensur nach Hause brachtest. Was ich meine, ist die Atmosphäre in einem Haushalt, in dem das Glück der Eltern von deinem guten Schulzeugnis abhängig ist.

Dazu passt etwas, das wir zwar schon besprochen haben, das man jedoch nicht oft genug wiederholen kann: Es mag sein, dass du versucht hast, wie deine Eltern zu werden, um ihnen damit deine Liebe zu erweisen. Das heißt, wenn sie depressiv waren, bist du aus Loyalität und Solidarität auch depressiv geworden. Depressive Eltern sind nicht für das Kind da. Also hast du vielleicht versucht, mit ihnen in Kontakt zu kommen, indem du wurdest wie sie.

76

Die Übung:

In der heutigen Übung geht es eher darum, zu fühlen, als zu handeln.

Schaue wieder einmal auf deine Kindheit zurück. Haben deine Eltern dir offen oder verborgen mitgeteilt, dass ihr Glück in deiner Hand lag? Wie hat sich das angefühlt? Erlaube dir, die Körperempfindungen in Bezug auf diesen Bereich deiner Vergangenheit zu spüren. Beobachte, welche Gefühle und Einstellungen von diesen Erinnerungen an die Oberfläche gebracht werden.

Welche Auswirkungen könnte diese kindliche Haltung auf deine Einstellung zum Glücklichsein haben? Wie könnte sie deine derzeitigen Beziehungen beeinflussen? Welche Botschaften erhältst du heute von deinem Über-Ich, die möglicherweise auf dem Gefühl gründen, das Glücklichsein deiner Eltern basiere auf deinem Verhalten?

Zeit, um glücklich zu sein

Betrachtung für den heutigen Tag

Die Glückserfahrung wird noch heute durch Konditionierungen aus unserer Kindheit beeinflusst. Auch Medien und Kultur beeinflussen unsere Einstellungen und Vorstellungen vom Glücklichsein. Und wir haben unsere eigenen Erfahrungen damit, glücklich zu sein.

Die meisten Menschen würden wahrscheinlich unterschreiben, dass die Erfahrung, glücklich zu sein, zu ihren Lebenszielen gehört. Sie ist vielleicht nicht das einzige Ziel, gehört jedoch zu den wichtigsten zehn. Werde dir gewahr, wo du das Glück auf deiner Liste ansiedelst.

Unabhängig von unserer Konditionierung und den Schlagwörtern der Medien gibt es Umstände und Erfahrungen, die uns Vergnügen verschaffen, Freude bringen und glücklich machen. Gewiss – das Glücksgefühl findet in unserem Inneren statt und hat letzten Endes nichts mit äußeren Umständen zu tun. Doch manche Dinge, manche Umstände oder manche Erfahrungen zaubern ein Lächeln auf unsere Lippen oder bringen ein Glücksgefühl in unser Herz. Und nicht jeder nimmt sich die Zeit, diese Dinge in sein tägliches Leben zu integrieren.

Die Übung:

Heute besteht die Übung darin, mindestens 50 Dinge aufzuzählen, die dich glücklich machen. Lass all die Dinge aus, von denen deine Eltern (oder deine Religion) meinten, dass sie dich glücklich machen würden. Auch die in Liedern, Büchern oder Filmen verbreiteten Vorstellungen gehören nicht dazu – es sei denn, sie entsprechen deiner tiefsten Wahrheit. Schreibe nur die Dinge auf, die dich wirklich glücklich machen.

Schaue ehrlich auf dein tägliches Leben und prüfe, ob die Dinge auf deiner Liste zahlreich in ihm vertreten sind. Musst du dir mehr Zeit gönnen, um manche Punkte auf deiner Liste in deinen Tagesablauf zu integrieren? Welche Punkte auf deiner Liste kannst du in den heutigen Tag einfügen?

Habe deine Liste griffbereit, damit du sie immer wieder ansehen und dein tägliches Leben bewusst um Erfahrungen bereichern kannst, die dich glücklich machen.

Erleuchtung – das höchste Glück

Betrachtung für den heutigen Tag

Zu erfahren, wer wir wirklich sind, erfüllt uns mit Befriedigung und Freude. Der größte Schmerz, den ein Mensch je erlebt hat oder erleben wird, rührt daher, den Kontakt zu seinem wahren, essenziellen Wesen zu verlieren – und die größte Freude unseres Lebens liegt darin, in die Wahrheit unseres Seins zurückzukehren.

Die Reise aus dem Unechten zu dem, der wir wirklich sind, ist nicht bequem. Es kann sehr schwierig sein, die eigenen Illusionen und falschen Selbstbilder loszulassen. Doch wenn das Falsche von uns abzufallen beginnt und wir unserem wahren Wesen näher kommen, erleben wir tiefe Entspannung und ein wachsendes Gefühl der Glückseligkeit. Das ist die Wahrheit.

Manche Menschen wählen jedoch einen spirituellen Entwicklungsweg, weil sie glauben, dass mit der Erleuchtung ihre Verletzlichkeit verschwindet. Sie sehen die Erleuchtung als den letztendlichen Weg zum Glück. Wer die Arbeit an sich selbst auf ein solches Ziel ausrichtet, wird enttäuscht werden.

Oft sind es wirklich die schmerzhaften Erfahrungen des Ego-Selbst, die uns letzten Endes dazu bringen, jenseits der materiellen Welt nach etwas anderem zu suchen. Das ist nützlich. Es führt zu der Frage: „Gibt es denn nichts anderes?" Und die Antwort ist immer: „Ja, es gibt etwas anderes."

Das Paradox besteht darin, dass uns zwar der Wunsch, unser persönliches Leiden zu beenden, auf den spirituellen Weg bringt, das Glücklichsein jedoch nie unser Ziel sein kann. Früher oder später muss der Punkt kommen, an dem uns nur unsere Liebe zur Wahrheit leitet.

Denke daran: Die Aufgabe des Egos ist es, Vergnügen zu suchen und Schmerz zu vermeiden. Wenn also das Ego mit seinem Wunsch, Schmerz zu vermeiden, die Richtung unserer spirituellen Reise bestimmt, kann nichts dabei herauskommen. Das Ego kann nie erleuchtet werden!

Die Übung:

Wirf einen Blick auf deine spirituelle Reise. Vielleicht hast du gerade erst begonnen, dein Gewahrsein bewusst zu erweitern, oder du bist (in diesem Leben) schon lange mit deiner spirituellen Entwicklung befasst. Was motiviert dich? Was ist dein Ziel? Achte darauf, was dein spirituelles Über-Ich möglicherweise zu diesen Dingen zu sagen hat.

Schreibe einmal nur zum Spaß in dein Tagebuch, was Erleuchtung deiner Meinung nach bedeutet. Das ist keine Trickfrage, und es gibt auch keine richtige oder falsche Antwort. Viele Menschen sagen eine Menge richtige Dinge über die Erleuchtung – aber was glaubst *du*? Was bedeutet Erleuchtung für dich? Was glaubst du: Wie würdest du wissen, dass du erleuchtet bist?

Das Vergnügen, gegenwärtig zu sein

Betrachtung für den heutigen Tag

Jetzt haben wir die Freude und das Glücksgefühl kurz betrachtet. Das Vergnügen ist eine verwandte Gefühlserfahrung. Auch auf das Vergnügen reagieren wir auf konditionierte Weise. Ein Hinweis: Versuche einmal, das Wort V E R G N Ü G E N ganz langsam zu sagen und dabei in deinem Mund klingen zu lassen. Hast du irgendwelche Reaktionen bemerkt? Obwohl wir nicht viel Zeit darauf verwenden werden, unsere persönliche Einstellung zum Vergnügen zu untersuchen, möchte ich doch darauf hinweisen, dass eine offene Haltung dem gegenüber, was wir wirklich sind, sich sehr vergnüglich anfühlt. Es ist unmöglich, sich seinem wahren Wesen ganz zu öffnen, ohne Freude, Genuss und Vergnügen zu erfahren: Die Erfahrung unseres wahren Wesens ist zutiefst vergnüglich und lustvoll!

Wie schon gesagt, lebt unser wahres Wesen in der Gegenwart, während unser Ego-Selbst auf den Konditionierungen der Vergangenheit beruht. Wenn man also wahrhaft mit dem gegenwärtig sein kann, was in der Gegenwart passiert, ist das Leben ein Vergnügen. Sicher, wir haben Vorlieben. Wir wünschen uns manche Dinge und lehnen andere ab. Doch wenn man wirklich in Kontakt mit seinem wahren Selbst ist, kann man ungeachtet der jeweiligen Umstände immer Lust und Freude erleben.

In seinem Werk *Phaidon* schreibt Plato über Sokrates' Tod, dass dieser seine Studenten selbst in seiner Sterbestunde bat, ganz still zu sein, damit er erleben konnte, was beim Sterben mit seinem Körper geschah. Das macht den Eindruck, als gäbe es selbst im Sterben ein Element der Freude und des Vergnügens, wenn man vollkommen mit seiner Erfahrung gegenwärtig ist.

Wir können unsere Lebensumstände nicht kontrollieren. (Viele finden das erschreckend.) Doch wir können vollkommen mit dem gegenwärtig sein, was gerade geschieht. Wenn wir in unserem Erleben ganz und gar anwesend sind, ist bereits die Tatsache, einfach im Augenblick präsent zu sein, voller Vergnügen.

Die Übung:

Fühle deine Arme und Beine. Bringe deine Aufmerksamkeit so gut wie möglich in den gegenwärtigen Augenblick.

Beachte die Gefühle in deinem Körper, während du diese Zeilen liest.

Gibt es irgendwelche Anspannungen in deinem Körper?

Wie fühlt sich die Kleidung auf deiner Haut an?

Jetzt lausche bewusst auf alle Geräusche um dich herum.

Was ist außer diesen Worten, die du gerade liest, noch in deinem Blickfeld?

Heute geht es darum, zu üben, gegenwärtig zu sein. Wenn du magst, kannst du deinen Ring oder den Platz deiner Armbanduhr wechseln, damit sie dich an dein Erleben im gegenwärtigen Augenblick erinnern.

Wie verändert sich dein Erleben, wenn dein volles Bewusstsein im jeweiligen Augenblick ruht?

Die Liebe ist ein Teil von dir

Betrachtung für den heutigen Tag

Im Zuge unserer Erforschung der Emotionen, die wir als Menschen erleben, richten wir unsere Aufmerksamkeit jetzt auf die Liebe.

Die Liebe ist ein Teil dessen, der wir sind. Wenn ein Kind geboren wird und kein schweres Schwangerschafts- oder Geburtstrauma erleben musste, ist dieses Kind die reine, verkörperte Liebe. Der Aspekt unserer wahren Natur, den wir Liebe nennen, ist in einem neugeborenen Baby gegenwärtig. Das ist einer der Gründe, warum sich die Menschen zu kleinen Babys so hingezogen fühlen. Etwas in unserem wahren Wesen befindet sich in Resonanz mit der reinen Präsenz eines Babys.

Bei unserer Geburt waren wir alle ganz genauso. Und falls unsere Liebe damals, als wir ganz frisch auf der Welt waren, gesehen und mit Liebe beantwortet wurde, haben wir gelernt, dass unsere Liebe willkommen ist.

Für manche Erwachsene ist das Thema Liebe jedoch mit sehr viel Schmerz verbunden. Die liebende Präsenz des Babys kann diesen Schmerz in den Eltern auslösen. Dann wehren die Eltern ihren Schmerz vielleicht ab, indem sie sich von dem Kind zurückziehen oder es – in dem Versuch, sich von ihrem eigenen Schmerz zu distanzieren – als Objekt behandeln.

Obwohl die Liebe ein Teil unserer essenziellen menschlichen Natur ist, kann das Wort „Liebe" für den einen etwas völlig anderes bedeuten als für den anderen. Vielleicht hast du beobachtet, wie dein Vater voller Jähzorn und Eifersucht auf deine Mutter einschlug, weil er sie liebte. Oder deine Eltern haben einen bestimmten Menschen sehr liebevoll behandelt, nur um ihn hinter seinem Rücken herunterzumachen. Vielleicht haben deine Eltern behauptet, einander zu lieben, doch es kam dir vor, als stimme das überhaupt nicht. All unsere frühen Eindrücke wirken sich auf die Art und Weise aus, wie wir die Liebe erfahren und ausdrücken.

Die Übung:

Erinnere dich, so gut du kannst, an die Reaktionen deiner Eltern auf die Gegenwart von Liebe. Vielleicht fällt dir ein, wie sie auf deine jüngeren Geschwister reagierten. Vielleicht kannst du dir anhand von Familiengeschichten, den Umständen deiner Geburt oder der späteren Einstellung deiner Eltern zur Liebe ein Bild davon machen, wie deine Eltern auf dich reagiert haben.

Wenn du eine Vorstellung davon erworben hast, wie deine Eltern auf die Gegenwart deiner Liebe reagiert haben könnten, frage dich, wie sich das auf deine jetzigen Gefühle und Einstellungen auswirken könnte.

Wie erfährst du das Gefühl, das „Liebe" genannt wird, in deinem Körper?

Wie immer fördert es Klarheit und Bewusstsein, deine Beobachtungen in dein Tagebuch zu schreiben.

Das ist Liebe

Betrachtung für den heutigen Tag

Das gilt jetzt nicht für jeden – aber manchmal stellt das, was die Eltern Liebe nennen, eine negative Erfahrung für das Kind dar. Selbst mit den besten Absichten machen die Eltern oft Fehler. Vielleicht folgen sie beim Aufziehen ihrer Kinder unbewusst den Mustern ihrer Eltern. Wie auch immer – es kann zu inneren Konflikten führen, wenn das Kind die von den Eltern so genannte Liebe nicht als Liebe erlebt.

Wenn ein Vater sein Kind schlägt und dann sagt, er habe es nur getan, weil „Papi dich lieb hat", kann das Kind widersprüchliche Gefühle zur Liebe entwickeln. Wenn eine Mutter ihr Kind unter Druck setzt, damit es gute Leistungen bringt und „Mami stolz macht, weil Mami dich liebt", kann auch diese Liebe sehr zwiespältig erlebt werden.

Obwohl eine Adoption manchmal das Beste für ein Kind ist, kann die Aussage, es sei adoptiert worden, weil seine Mutter es liebt, für das Kind schwer nachzuvollziehen sein.

Eine Frau erinnerte sich daran, dass ihre Mutter sie regelmäßig im Morgengrauen vor der noch verschlossenen Schule absetzte. Die Mutter war allein erziehend und musste als Kellnerin im Frühstücksservice arbeiten, um sich und ihre Tochter ernähren zu können. Bevor sie das Kind zurückließ, sagte sie jedes Mal: „Denk dran, deine Mami liebt dich." Als dieses Kind zur Frau heranwuchs, wollte sie mit der Liebe nichts zu tun haben.

Die Übung:

Schau, ob du dich im Laufe des Tages daran erinnern kannst, was deine Eltern Liebe genannt haben. Wie hat es sich angefühlt? Was für Assoziationen hast du zu dem, was deine Eltern als Liebe bezeichneten?

Hast du aufgrund der Art und Weise, wie deine Eltern dir – oder einander – ihre Liebe zeigten, irgendwelche Entscheidungen gefällt? Wie wirken sich diese Entscheidungen heute auf dein Leben aus?

Schreibe deine Beobachtungen in dein Tagebuch.

Liebe und dein Selbstbild

Betrachtung für den heutigen Tag

Liebe ist unser Geburtsrecht. Und da sie ein untrennbarer Teil von uns ist, kann sie auch zu unseren bewussten oder unbewussten Selbstbildern beitragen.

Wenn deine erste Liebe dich abgewiesen hat, bist du vielleicht unbewusst zu dem Schluss gekommen, nicht liebenswert zu sein. Wenn der Mensch, den du liebtest, gestorben ist, hast du vielleicht für dich entschiedenen, dass die Liebe zu schmerzhaft ist. Vielleicht hast du dein Herz für die Liebe verschlossen. Du hast deine Gründe für alle Entscheidungen hinsichtlich der Liebe, und dein Über-Ich wird die Richtigkeit deiner Entscheidungen unterstützen. Doch ebendiese Entscheidungen tragen vielleicht zu deinem Selbstbild in Bezug auf die Liebe bei.

Du kannst aufgrund deiner Geschichte die Entscheidung gefällt haben, nicht liebevoll zu sein, oder du hältst dich für sehr liebevoll und großzügig. Beides sind Selbstbilder. Unbewusst wirst du immer versuchen, dich und dein Verhalten diesen Vorstellungen von dir selbst anzupassen. Außerdem wird dein Über-Ich sehr nervös, wenn die Art und Weise, wie du die Liebe erfährst oder ausdrückst, nicht mit deinem bekannten Selbstbild übereinstimmt.

Die Schwierigkeit mit Selbstbildern ist, dass sie unsere Fähigkeit einschränken, in der Wahrheit des jeweiligen Augenblicks gegenwärtig zu sein. Wenn du ein bestimmtes Bild deiner selbst in dir trägst und immer versuchst, dein Verhalten diesem Bild anzupassen, kannst du nicht frei und spontan auf alles eingehen, was dir das Leben von Moment zu Moment beschert.

Die Übung:

Wie siehst du dich selbst in Bezug auf die Liebe, deinen Ausdruck von Liebe und dein Recht, geliebt zu werden? Wie würdest du dich selbst in diesem menschlichen Erfahrungsbereich beschreiben?

Siehst du dich als liebevollen Menschen? Kommt es dir vor, als würden deine Versuche, Liebe zu zeigen, missverstanden? Hast du das Gefühl, ein Mensch zu sein, dem es schwer fällt, Liebe auszudrücken?

Prüfe, ob sich deine Vorstellungen von dir selbst wirklich auf die Gegenwart beziehen. Passen sie wirklich zu der Person, die du heute bist, oder beruhen sie auf der Vergangenheit?

Wie eine Familie Liebe zeigt

Betrachtung für den heutigen Tag

Wir haben unsere frühen Erfahrungen mit der Liebe betrachtet und angesehen, was unsere Eltern über die Liebe sagten und wie sie ihre Liebe zeigten. Heute wollen wir unsere ersten Unterweisungen in Bezug auf die Liebe aus einer etwas anderen Perspektive betrachten. Wie schon gesagt, haben verschiedene Menschen unterschiedliche Vorstellungen von der Liebe. Jede Familie hat ihre einzigartige Weise, Liebe auszudrücken.

In manchen Familien wird ein Kranker Tag und Nacht umsorgt und all seine Wünsche werden erfüllt. In anderen Familien zeigt sich die Liebe vielleicht darin, dass der Kranke in Ruhe gelassen wird. In einer dritten Familie finden die Eltern es liebevoll, die Krankheiten oder Verletzungen ihrer Kinder zu ignorieren, damit diese stark und unabhängig werden.

In manchen Familien wird die Liebe verbal ausgedrückt. In anderen ist es tabu, über die Liebe zu sprechen. Hier könnte das Motto lauten: „Handlungen sprechen lauter als Worte." In manchen Familien gelten Geschenke als Liebesbeweis, und manche Eltern glauben, ihren Kindern ihre Liebe zu erweisen, indem sie ihnen Ratschläge geben. Andere Eltern bezeugen ihre Liebe, indem sie ihren Kindern die Welt, in der sie leben, nahe bringen. Das kann zum Hauptbezugspunkt zwischen Eltern und Kindern werden.

Manche Mütter bekochen ihre Familie ständig, um ihre Liebe zu demonstrieren. Ein Vater kann glauben, seiner Familie seine Liebe zu zeigen, indem er hart arbeitet – selbst wenn ihn diese Arbeit von der Familie fern hält.

Die Art und Weise, wie die Liebe in deiner Ursprungsfamilie mitgeteilt oder ausgedrückt wurde, wirkt sich heute sowohl auf deine Erfahrung aus, geliebt zu werden, als auch darauf, wie du deine Liebe ausdrückst.

Die Übung:

Wie wurde in deiner Familie Liebe vermittelt? Betrachte die Art und Weise, wie in deiner Familie Liebe gezeigt wurde. Für diese Übung ist es hilfreich, deine erweiterte Familie in Betracht zu ziehen. Wie wurde die Liebe üblicherweise in deiner Sippe ausgedrückt?

Wenn du mit einem Vater aufgewachsen bist, der dir ständig etwas beigebracht hat, drückst du deine Liebe unbewusst vielleicht aus, indem du den Menschen, die du liebst, etwas beibringst. Oder du machst es deiner Mutter gleich und beweist deine Liebe, indem du deine Freunde bekochst. Welchen Aspekt deiner Liebesbezeugungen hast du von deiner Sippe übernommen?

So sage ich: „Ich liebe dich"

Betrachtung für den heutigen Tag

Anhand der Art und Weise, wie in unserer Familie Liebe ausgedrückt wurde, haben wir gelernt, unsere Liebe zu bezeugen. Es kann sein, dass im Laufe der Zeit unsere eigenen Ausdrucksformen dazu gekommen sind, aber die unbewussten Gewohnheitsmuster unserer Familie haben sich unserer Psyche sehr früh eingeprägt.

Da wir alle aus verschiedenen Familien stammen, kann die Art und Weise, in der du natürlicherweise deine Liebe ausdrückst, anders sein als die Weise, die dein Partner gelernt hat. Das kann in festen Beziehungen zu einem Problem werden.

Du äußerst deine Liebe, wie du es zu Hause gelernt hast, doch dein Partner erlebt diese Äußerungen nicht als liebevoll. Er oder sie hat in Bezug auf Liebesbeweise vielleicht ganz andere Muster gelernt. Dasselbe gilt für die Art und Weise, wie derjenige versucht, dir seine Liebe zu bezeugen. Das trifft natürlich genauso auf Freundschaften zu.

Um auf unser erstes Beispiel zurückzukommen: Vielleicht kommst du aus einer Familie, in der man einem kranken Familienmitglied seine Liebe zeigte, indem man es mit Aufmerksamkeit überschüttete, während dein Partner in seiner Familie gelernt hat, Kranken Raum zu geben, um ihre Privatsphäre zu respektieren. In einem solchen Fall fühlst du dich von einem Partner, der abwesend ist, wenn du krank bist, nicht geliebt, während ihm sein Verhalten liebevoll erscheint.

Ein Mann zeigte seiner Frau seine Liebe, indem er ihr weibliche Hygieneartikel aus der Drogerie mitbrachte. Seine Frau war beleidigt. Einen Blumenstrauß hätte sie gerne als Liebesbeweis anerkannt – aber eine Schachtel Tampons ...?

Der Ehemann war in einer finanziell eingeschränkten Familie aufgewachsen, in der man seine Liebe ausdrückte, indem man sich um die körperlichen Bedürfnisse der anderen kümmerte.

Die Übung:

Schau dir genauer an, wie du einem Menschen sagst, dass du ihn liebst. Wie drückst du üblicherweise deine Liebe für jemanden aus, der dir viel bedeutet?

Welche Worte oder Handlungen anderer geben dir das Gefühl, geliebt zu werden? Mache eine Liste mit der Überschrift: „Ich fühle mich geliebt, wenn..." Dein Partner sagt oder tut vielleicht Dinge, um seine Liebe für dich auszudrücken, die du gar nicht wahrnimmst, weil sie auf deiner Liste nicht vorkommen!

Wenn du in einer festen Beziehung bist, sprich mit deinem Partner oder deiner Partnerin über die Dinge, die jeder von euch tut, um seine Liebe auszudrücken. Sprecht auch darüber, welche Dinge, die der andere tut, dir das Gefühl geben, geliebt zu werden. Es wird euch vielleicht überraschen, was dabei herauskommt!

Du bist ein Kuckucksei

Betrachtung für den heutigen Tag

Wir haben gesehen, dass verschiedene Familien ihre Liebe unterschiedlich ausdrücken. Außerdem können die Wertmaßstäbe von Familie zu Familie verschieden sein. Eine Eigenschaft, die in der einen Familie als wertvoll erachtet wird, kann in der anderen völlig unbedeutend sein.

Wenn ein sportlich begabtes Kind zum Beispiel in eine musische Familie geboren wird, werden seine Fähigkeiten möglicherweise weniger geschätzt als in einer Sportlerfamilie. Ebenso würde ein musisch begabtes Kind in einer Sportlerfamilie vielleicht nicht so viel Liebe und Anerkennung ernten wie ein sportliches Kind.

Wenn wir jung sind, ist die Familie unsere Welt. Und wenn das, was wir sind, bei der Familie nicht ankommt, drängt sich leicht die Vorstellung auf, es sei etwas falsch mit uns.

Wenn ein von Natur aus lebhafter und geselliger Mensch in eine Familie geboren wird, die es für kultiviert hält, sich eher zurückhaltend und leise zu verhalten, kann er das Gefühl haben, weniger wert zu sein als seine vornehmeren, stillen Geschwister.

Und einem von Natur aus introvertierten Menschen, der in eine extrovertierte Familie geboren wird, kann es vorkommen, als würde seine Art nicht geschätzt, und seine ausgelassenen, lauten Geschwister würden mehr geliebt als er. Es kann sein, dass solche Erfahrungen uns dazu bewogen haben, bestimmte Entscheidungen über unseren Wert zu fällen.

Es kann sein, dass deine Entscheidung, ob du liebenswert bist oder nicht, auf den spezifischen Wertvorstellungen deiner Familie und nicht auf der objektiven Realität beruht.

85

Die Übung:

Wir haben verschiedene Möglichkeiten betrachtet, wie du unbewusst deiner Ursprungsfamilie gleichst. Heute sehen wir uns an, was passiert, wenn du nicht wie die anderen Familienmitglieder bist. Was passiert, wenn deine Gaben, deine Talente und deine Wesensart nicht der familiären Norm entsprechen?

Schau dir an, wie du dich von den üblichen Verhaltensweisen deiner Familie unterschiedest. Vielleicht warst du klüger als deine Eltern. Vielleicht warst du nicht so kreativ wie die anderen Mitglieder einer künstlerischen Familie. Was an dir hat nicht dazugepasst? Hast du aufgrund deiner Andersartigkeit in Bezug auf die Menschen in deinem frühkindlichen Umfeld irgendwelche Entscheidungen gefällt?

Wenn ich mich ändere, werde ich geliebt

Betrachtung für den heutigen Tag

In der vorigen Betrachtung haben wir untersucht, was passiert, wenn wir uns von dem, was in unserer Ursprungsfamilie für gut gehalten wird, unterscheiden. Heute werden wir uns darauf konzentrieren, wie wir versuchen, Liebe zu erhalten.

Eine der wichtigsten Möglichkeiten, wie wir versuchen, die Liebe und Anerkennung unserer Familie zu gewinnen, besteht darin, uns dem dort herrschenden Ideal anzupassen. Wir tun das sogar, wenn es bedeutet, anders zu sein, als wir von Natur aus sind. So zwingen sich zum Beispiel unsportlich veranlagte Kinder zu sportlichen Leistungen, um ihren Eltern zu gefallen.

Wenn dein Vater viel von Intelligenz hielt, hast du dich vielleicht in der Schule angestrengt, um ihm mit guten Zensuren zu gefallen und seine Liebe zu gewinnen. Wenn deine Mutter jemanden brauchte, der sich ihre Probleme anhörte, bist du vielleicht zu einem guten Zuhörer geworden, um von ihr bemerkt und geliebt zu werden. Diese angelernten Verhaltensweisen können sich bis heute fortsetzen. Vielleicht fühlst du dich nur liebenswert, wenn du die oder der Beste bist. Vielleicht glaubst du, nur dann Liebe zu verdienen, wenn du andere unterstützt. Mit anderen Worten: Du hast das Gefühl, etwas tun zu müssen, um geliebt zu werden. Dann kann es schwierig für dich sein, in der Tiefe deines Wesens zu wissen, dass du einfach nur so, wie du bist, liebenswert bist.

86

Die Übung:

Was hast du als Kind getan, um Liebe zu erhalten? Was tust du als Erwachsener, um von den Menschen, die dir wichtig sind, anerkannt und geliebt zu werden? Gibt es eine Beziehung zwischen der Art und Weise, wie es für dich war, die Liebe deiner Eltern zu erhalten, und der Art, wie du heute dein Leben strukturiert hast? Vergiss nicht, dass ein Kind oft dazu neigt, Aufmerksamkeit für Liebe zu halten.

Diese Übung könnte den Rahmen für mehrere Wochen der Meditation setzen. Im Grunde geht es darum, dir anzuschauen, warum du so handelst, wie du es tust. Es ist keine leichte Übung und die Frage kann nicht in ein paar Minuten beantwortet werden. Ich schlage vor, dass du dich immer wieder einmal fragst, was die tieferen Beweggründe hinter deinen Handlungen sind. Das ist eine Übung, die du über längere Zeit immer wieder durchführen kannst. Sie wird viele Geheimnisse enthüllen.

Schreibe deine Beobachtungen in dein Tagebuch.

Selbstliebe oder Selbstsucht

Betrachtung für den heutigen Tag

Wir führen unsere Betrachtung über die Liebe fort, indem wir unsere Liebe für uns selbst genauer ansehen.

Viele von uns verwechseln Selbstliebe mit Selbstsucht. Wenn ein Mensch selbstsüchtig oder egoistisch ist, konzentriert er sich nur auf sich selbst und schließt alle anderen aus. Selbstsüchtige Menschen stellen ihre eigenen Interessen immer an die erste Stelle. Die meisten halten solche Menschen für extrem selbstsicher. Doch ein selbstsüchtiger Mensch ist normalerweise total unsicher. Er braucht die Aufmerksamkeit und Bewunderung der anderen, um sein Selbstbewusstsein aufzubauen.

Ein selbstsüchtiger Mensch hat kein Vertrauen, dass das Universum (oder Gott) ihm geben wird, was er braucht. Er glaubt, für sich selbst sorgen zu müssen. Also versucht er, sein Umfeld und die Menschen darin zu seinem eigenen Vorteil zu beeinflussen. Die dahinter liegende (und zweifellos unbewusste) Überzeugung besagt, dass er sich nie entspannen darf, weil er dann nicht bekommt, was er braucht.

Wenn du kein Vertrauen hast, dass das Universum für dich sorgt, glaubst du, alles selbst erledigen zu müssen. Du wirst dich bemühen, das Leben so einzurichten, dass du versorgt bist. Du wirst versuchen, herauszufinden, wie du bekommen kannst, was du brauchst. Du wirst glauben, alles sei allein von dir abhängig. Das braucht ein großes Maß an Wachsamkeit. Es braucht eine Menge Energie. Es ist aber auch eine unzutreffende Vorstellung.

Die Übung:

Frage dich, wer dein Leben lenkt und leitet. Es gibt keine richtige Antwort auf diese Frage. Schau dir einfach deine Gedanken dazu an.

Vielleicht sagst du: „Ich lenke mein Leben." Aber wer ist dieses „Ich"? Ist es dein Verstand? Hat sich das „Ich" aufgrund deiner Lebensgeschichte gebildet? Besteht es also aus deiner Erziehung, aus dem, was du in der Schule gelernt, und den Werten, die du von deiner Familie übernommen hast? Ist es dein Herz?

Wer ist verantwortlich für deine Welt?

Eigenlob stinkt

Betrachtung für den heutigen Tag

Um unsere Betrachtung der Selbstliebe zu vertiefen, werden wir heute die frühen Prägungen in Bezug auf unsere Liebe zu uns selbst untersuchen. Diese Prägungen aus der frühen Kindheit, die vielleicht im Unbewussten schlummern, erweisen sich als Hindernisse, wenn es darum geht, uns der Liebe zu öffnen und wirklich anzuerkennen, wer wir sind: Um anzunehmen, wer wir sind, müssen wir uns zuerst selbst lieben. Wir müssen unsere Lebenskämpfe würdigen, wenn wir Mitgefühl mit uns selbst empfinden und uns die nötige Zeit und Energie zur eigenen Heilung geben wollen.

Viele von uns haben gelernt, dass die Vorstellung, sich selbst zu lieben, gleich bedeutend damit war, eingebildet und eitel zu sein. Uns wurde nahe gelegt, nicht mit uns zu prahlen. Vielleicht haben wir gelernt, immer zuerst an andere zu denken. Es kann sogar sein, dass wir unsere eigenen Bedürfnisse aufgeben mussten, um in unserer Familie zu überleben. Die Vorstellung, sich selbst wunderbar zu finden, kann für die kindlichen Anteile unserer Psyche an Gotteslästerung grenzen.

Manche Eltern kritisieren ein Kind, das von sich eingenommen ist. Manche religiösen Schulen fördern eine Art der Selbstverneinung, die der Vorstellung, sich selbst zu lieben, vollkommen widerspricht. Vielleicht mussten wir als Kinder hören, dass die „Sanftmütigen das Erdreich besitzen werden", oder dass „geben seliger denn nehmen" ist. Außerdem wird es in manchen Kulturkreisen wie zum Beispiel in Deutschland für unhöflich gehalten, sich selbst zu loben.

Die Übung:

Wirf einen Blick auf deine frühen Eindrücke zum Thema Selbstliebe. Was hat deine Familie und/oder deine Religion dir darüber beigebracht, dich selbst zu lieben?

Wenn du hörst, wie jemand einen Menschen beschreibt, der sich selbst liebt –, was für Bilder oder Eindrücke tauchen da in dir auf?

Schreibe deine Beobachtungen in dein Tagebuch.

Auf die Expansion folgt das Über-Ich

Betrachtung für den heutigen Tag

Die Worte über dem Tor zum Tempel in Delphi, „Erkenne dich selbst", bezogen sich nicht auf unser Ego-Selbst. Bei der spirituellen Reise geht es darum, unsere Erfahrung dessen, wer wir sind, zu erweitern. Das bedeutet, über unser bekanntes Ich hinauszugehen.

Wenn wir uns über die gewohnte Wahrnehmung unserer selbst ausdehnen – und das müssen wir, wenn wir uns spirituell entwickeln wollen –, wird das Über-Ich ziemlich nervös. Wie schon gesagt, ist es seine Aufgabe, uns in dem Rahmen dessen festzuhalten, was wir schon kennen, und damit den Status quo aufrechtzuerhalten.

Vielleicht kennst du das chinesische Sprichwort: „Sieben Schritte vorwärts, fünf Schritte zurück." Die fünf Schritte zurück sind das Werk des Über-Ichs. Nach jeder Bewusstseinserweiterung wird das Über-Ich aktiv versuchen, die alten Strukturen des Ego-Selbst wiederherzustellen. Wir bezeichnen das als „Mittwochs-Syndrom": Wenn du an einem Wochenendworkshop teilnimmst und wichtige Erfahrungen mit deinem erweiterten Selbst machst, wird sofort dein Über-Ich aktiviert. Dann wirst du spätestens am Mittwoch wieder die oder der Alte sein und dich wundern, wo die beeindruckende Erfahrung aus dem Workshop geblieben ist.

Die gute Nachricht ist, dass wir diese Aktivierung des Über-Ichs voraussehen können. Das heißt, dass du sie erkennen kannst und auf die Versuche des Über-Ichs, dich wieder in den alten Rahmen zu sperren, nicht hereinzufallen brauchst. Wenn du also eine Erfahrung machst, die über die Strukturen des Egos hinausgeht, kannst du damit rechnen, dass das Über-Ich auftauchen wird, um dir zu versichern, dass in Wirklichkeit überhaupt nichts geschehen ist. Es wird dir erzählen, dass du dich nicht wirklich verändern kannst. Es wird versuchen, dich eng und klein zu machen, damit du dich wieder so fühlst wie immer.

Wenn du die Tendenz zur Kontraktion nach einer erweiternden Erfahrung bemerkst, kannst du dir sicher sein, dass das Über-Ich auf den Plan getreten ist. Du kannst ihm dafür danken, dass es versucht, dich zu schützen und wieder mit Mami und Papi zu verbinden, indem du dich wieder als ihr Kind erlebst. Und dann kannst du es auffordern, dich in Ruhe zu lassen. Sag ihm, dass du seine Dienste nicht länger brauchst. Wenn es auf seiner Meinung beharrt, kannst du dich gegen es verteidigen – doch vergiss nicht, dass es dir zu helfen versucht. Es glaubt, dein Freund zu sein. Es versucht, uns zu schützen. Wir können Mitgefühl mit dieser veralteten Struktur in unserer Psyche empfinden und erkennen, dass das Über-Ich nur versucht, seine Pflicht zu tun.

Die Übung:

Nimm dir Zeit für die heutige Übung und stelle sicher, dass du nicht unterbrochen wirst. Dann lege dir dein Tagebuch zurecht.

Um dich auf die Übung einzustimmen, nimm ein paar tiefe Atemzüge und entspanne deinen Körper und deinen Geist, so gut du kannst. Nimm deinen Stift zur Hand und bitte dein Über-Ich, zu erscheinen. Nun bitte dein Über-Ich, dir einen Brief zu schreiben. Was hat diese innere Struktur dir zu sagen? Schreibe alles so auf, als würde das Über-Ich selbst die Feder führen. Nun kann es dir alles sagen, was du seiner Meinung nach wissen müsstest. Wenn es hart mit dir umspringt, denke daran, dass es nur versucht, dir zu dienen. Normalerweise wird es froh sein, endlich gesehen zu werden, und es wird gerne mit dir sprechen.

Das Über-Ich und seine Aufgabe

Betrachtung für den heutigen Tag

Jetzt, wo sich unsere Erforschung des Über-Ichs ihrem Ende nähert, möchte ich darauf hinweisen, dass die Entstehung unseres Über-Ichs kein Fehler ist. Als wir jung waren, erfüllte diese Struktur in unserer Psyche einen wichtigen Zweck. Doch leider ist sie geblieben und zur Stimme des Über-Ichs geworden.

Als wir klein waren, half uns das Über-Ich, Probleme zu vermeiden. Es nahm die Stelle eines erwachsenen Gewissens ein, während wir unsere Lebenserfahrungen sammelten. Es sagte uns, was richtig und falsch war, bevor wir erfahren genug waren, selbst zu wissen, welche Verhaltensweisen und Interaktionen funktionierten und welche nicht. Wir brauchten ein Über-Ich.

Außerdem mussten wir auch eine Ich-Struktur entwickeln. Wir mussten uns von der ursprünglichen Einheit unterscheiden. Wir mussten ein „Ich" entwickeln, um uns selbst reflektieren zu können. Unsere Fähigkeit zur Selbstreflexion ermöglicht es uns, als Seelen heranzureifen und schließlich über die Erfahrung der Trennung hinauszuwachsen, um in die Einheit zurückzukehren – dieses Mal mit Bewusstsein.

Die verinnerlichten Anweisungen, aus denen unser Über-Ich besteht, haben uns auch die Trennung von Mutter und Vater ermöglicht und uns befähigt, als Individuen in die Welt zu treten. Da wir die Stimmen der Eltern (mit all ihren Geboten und Verboten) verinnerlicht hatten, konnten wir uns sicher fühlen, als die Zeit kam, sie körperlich zu verlassen, in die Schule zu gehen und Beziehungen außerhalb der Kernfamilie zu knüpfen. Wir trugen die Eltern quasi mit uns herum – als Über-Ich-Stimme im Kopf. Wir konnten in die Welt hinausgehen, weil wir nicht alleine waren. Das Über-Ich erfüllte also eine wichtige Funktion.

Doch spirituell gesehen, sind das Ich und das Über-Ich Entwicklungsstrukturen. Das heißt, sie erfüllen in einem bestimmten Stadium unserer Entwicklung eine notwendige Funktion. Wenn wir unsere Erfahrung dessen, wer wir sind, allerdings erweitern und uns als Ausdruck der wahren Natur, des manifestierten Göttlichen erfahren wollen, müssen wir die geleisteten Dienste des Über-Ichs anerkennen und es dann hinter uns lassen. Wenn wir auf der Seelenebene heranreifen und uns entwickeln wollen, müssen wir über die in der Kindheit gebildete Identität hinausgehen.

Die Übung:

Die heutige Übung gleicht der vorigen, nur bist du dieses Mal derjenige, der dem Über-Ich einen Brief schreibt. Auf der Basis all dessen, was du in diesem Buch gelernt hast, erzähle deinem Über-Ich alles, was du ihm sagen willst.

Abschließende Betrachtung

Es könnte nützlich sein, alles, was du beim Durcharbeiten dieses Buches gelernt hast, aufzuschreiben. Nimm dir etwas Zeit, darüber nachzudenken, wie sich die Betrachtungen und Übungen auf dein Verständnis und dein Erleben ausgewirkt haben.

Wenn du willst, kannst du mir deine Zusammenfassung schicken, und ich werde dich in meine Versanddatei aufnehmen und über meine Soulwork-Programme informieren.

91

Du kannst mir deine Zusammenfassungen per E-Mail schicken:

Mail4rhea@aol.com

Oder per Post:
Soulwork, Rhea Powers
Postfach 575
CH-8708 Männedorf

Soulwork, Rhea Powers
P. O. Box 4761
Greenwood Village,
CO 80155-4761
USA

Danksagungen

Der Hauptteil dieses Buches wurde ursprünglich für die *Women.com*-Website verfasst. Ich danke meiner Freundin Lillian Gilden, die dieses Projekt ermöglicht hat.

Ich bin zwar keine Lehrerin der Ridhwan-Schule, habe aber die Lehrerausbildung absolviert und bin zwölf Jahre Schülerin gewesen. Meinen Lehrern des Diamond Approach, Hameed Ali, Morton Letofsky, Janel Ensler, Jeanne Hay, Alia Johnson, Jessica Britt, Karen Johnson, Linda Krier, David Silverstein, Sandra Maitri und Patti Willis möchte ich meinen Dank aussprechen. Ein Gespräch mit Sherry Anderson hat meinen Respekt vor der Bedeutung des Über-Ichs vertieft.

Meine besondere Anerkennung gilt Byron Brown – seine Arbeit zum Über-Ich hat dieses Buch umfassend beeinflusst.

Ich danke Christine Martin, der Erstübersetzerin großer Teile des Buches und Christine Bolam, die alles überarbeitet, neu übersetzt und in die endgültige Fassung gebracht hat, dafür, dass sie es mir ermöglicht haben, das Buch auch deutschen Lesern zugänglich zu machen. Außerdem danke ich Benita von Kettler für ihre Unterstützung bei der Entstehung der deutschen Buchausgabe.

Meine Freundin Bettye Jo Fears hat meine eigene spirituelle Entwicklung auf unschätzbare Weise unterstützt. Meine Kinder, Kurt Wetzler, Kristin Arce und ihre Familien erfüllen mein Leben mit Reichtum und haben mir geholfen, tiefer zu verstehen, was es bedeutet, ein Mensch zu sein. Außerdem danke ich Maya Ralston Koch, die meine Arbeit in Europa möglich macht.

Die liebevolle Unterstützung meines Ehemannes Christopher Krueger und seine Partnerschaft haben nicht nur dieses Buch, sondern mein ganzes Leben überhaupt erst ermöglicht.

Zuletzt möchte ich meinen Schülern danken, die zugleich meine größten Lehrer sind.